"十四五"时期国家重点出版物出版专项规划项目

中国城乡可持续建设文库
丛书主编 孟建民 李保峰

Research on the Strategy and Path of High-quality
Green Development in Hubei Province

湖北省高质量绿色发展战略与路径研究

彭翀 吴宇彤 张梦洁 著

http://press.hust.edu.cn
中国·武汉

内容简介

城市与区域社会、经济、生态、空间之间的绿色协调发展是实现新型城镇化与高质量发展的必由之路。本书包含三大篇章：理论篇、识别篇与对策篇。首先在理论篇中提出绿色发展路径的研究框架；其次将框架进行应用，在识别篇中开展湖北省绿色发展的现状评估与问题研判；最后基于分析结果，在对策篇提出湖北省绿色发展的战略，面向湖北省与省会城市武汉市，探索其在国土空间协调发展、湖泊资源保护与利用等方面的绿色发展路径，为城市与区域迈向高质量发展新阶段提供借鉴思路与参考。

本书适合城乡规划、城市管理、景观设计等专业的从业者阅读和参考。

图书在版编目(CIP)数据

湖北省高质量绿色发展战略与路径研究/彭翀，吴宇彤，张梦洁著. —武汉：华中科技大学出版社，2022.11
ISBN 978-7-5680-8752-0

Ⅰ.①湖… Ⅱ.①彭… ②吴… ③张… Ⅲ.①绿色经济-区域经济发展-发展战略-研究-湖北 Ⅳ.①F127.63

中国版本图书馆 CIP 数据核字(2022)第 211807 号

湖北省高质量绿色发展战略与路径研究　　彭翀　吴宇彤　张梦洁　著
Hubei Sheng Gaozhiliang Lüse Fazhan Zhanlüe yu Lujing Yanjiu

策划编辑：金　紫	责任编辑：卢　苇
封面设计：王　娜	责任监印：朱　玢

出版发行：华中科技大学出版社（中国·武汉）　　　电话：(027)81321913
　　　　　武汉市东湖新技术开发区华工科技园　　　邮编：430223
录　　排：华中科技大学惠友文印中心
印　　刷：湖北金港彩印有限公司
开　　本：710mm×1000mm　1/16
印　　张：13.25
字　　数：210 千字
版　　次：2022 年 11 月第 1 版第 1 次印刷
定　　价：88.00 元
审 图 号：鄂 S(2022)011 号

本书若有印装质量问题，请向出版社营销中心调换
全国免费服务热线：400-6679-118　竭诚为您服务
版权所有　侵权必究

前　言

十九大报告提出:"我国经济已由高速增长阶段转向高质量发展阶段"。2017年底召开的中央经济工作会议进一步明确强调:"推动高质量发展是当前和今后一个时期确定发展思路、制定经济政策、实施宏观调控的根本要求"。2018年3月,"高质量发展"成为全国两会的关键词,两会指出要"按照高质量发展的要求,统筹推进'五位一体'总体布局和协调推进'四个全面'战略布局"。推动高质量发展,既是遵循经济发展规律的基本要求,也是实现社会主义现代化的必然要求。在此背景下,如何从城市与区域发展的角度,通过实际的规划行动与政策计划落实高质量发展的国家战略需求显得尤为重要。

《中华人民共和国国民经济和社会发展第十四个五年规划和2035年远景目标纲要》提出"推动绿色发展,促进人与自然和谐共生",绿色发展理念不以规模增长为唯一目标,更强调资源环境与经济社会协调发展,将以人为本的高质量发展作为导向,以生态环境承载能力为底线。因此,空间发展规划一方面要把握好国土空间开发与保护之间的平衡关系,注重资源环境的保护与修复;另一方面要通过切实的空间规划手段来推进高质量发展,不断完善并优化人居环境。

作为长江经济带与中部地区的重要省份之一,湖北省拥有国家"两型"社会建设综合配套改革试验区,是南水北调中线工程水源区、三峡坝区所在地、长江流域重要水源涵养地和国家重要生态屏障,其绿色发展状况备受关注。然而,湖北省在快速城镇化进程中面临着诸多现实瓶颈,如区域发展不平衡问题突出、生态环境状况形势严峻、产业转型升级任务艰巨、基础设施建设相对落后、区域合作机制尚不健全等,且在资源保护利用、生态环境防治、社会环境建设等多个领域暴露出脆弱性。在正确把握整体推进和重点突破关系、协调生态保护和经济发展的背景下,如何抓牢长江经济带发展与中部地区崛起"势头正劲"的重要机遇,选择怎样的绿色发展道路,成为湖北省高质量绿色发展的重大现实问题。

本书包含三大篇章:理论篇、识别篇与对策篇。理论篇深入探讨高质量发展与绿色发展的内涵与既有研究进展,构建绿色发展路径研究框架,包含有效的资源保护利用、适灾的环境安全保障、韧性的经济产业转型、持续的城市更新、健康的人居环境营造共五大绿色发展路径及实施重点。识别篇以理论框架为基础,开展长江经济带层面的湖北省绿色发展评估、湖北省内各城市绿色发展评估等多空间层次量化研究,分析湖北省及省内各城市绿色发展的优势、短板以及发展差异。对策篇根据分析结果,提出具有针对性、建设性的空间规划建议:一方面,协同推进湖北省域的国土空间协调发展,提升武汉城市圈经济韧性,为湖北省绿色发展政策与规划制定提供支撑;另一方面,持续发挥省会城市武汉市的核心作用,在湖泊资源保护利用、可持续发展示范区规划、生态安全保障等方面引领湖北省协同共进。

本书依托湖北省社科基金一般项目——新时代湖北省高质量发展与路径研究成果,具有如下特点:(1)依照"框架构建—定量研判—案例经验"的思路展开,将理论所提的绿色发展路径应用于湖北省规划探索中,使理论与实践紧密结合,上下文层层递进、前后呼应;(2)研究范围与以往研究相比,并未局限于某个具体的城市或者特定区域,而是综合考虑城市与区域双层次空间,所提出的发展路径与策略具有普适性和可推广性。

本书撰稿的具体分工如下。

全书策划和大纲撰写:彭翀。

全书统稿、校对和定稿:彭翀、吴宇彤、张梦洁。

分章节校对:张梦洁、林樱子、李月雯、张志琛、化星琳、陈浩然。

前言撰写:彭翀、吴宇彤。

理论篇撰写:彭翀、吴宇彤、林樱子、缪雯纬、张志琛、王鹤婷、张梦洁、陈浩然、化星琳、陈思宇。

识别篇撰写:陈鹏、吴宇彤、陈思宇、化星琳、彭翀。

对策篇撰写：吴宇彤、陈鹏、缪雯纬、彭翀、王梦圆、陈思宇、化星琳、林樱子、董锟、杨满场、王鹤婷、王静、李月雯。

由于诸多因素影响，本书仍存在一些不足，恳请大家不吝赐教，编写团队将不断改进、完善。

彭　翀

2022 年 4 月

目 录

理论篇 高质量发展与绿色发展路径

第1章 高质量发展及其研究进展 (3)
  1.1 高质量发展概念 (3)
  1.2 高质量发展内涵 (4)
  1.3 城市与区域高质量发展评估 (9)
  1.4 城市与区域高质量发展趋势 (12)

第2章 绿色发展及其研究进展 (14)
  2.1 绿色发展概念与内涵 (14)
  2.2 绿色发展的基础理论 (18)
  2.3 绿色发展相关议题 (22)
  2.4 绿色发展评估实践 (30)

第3章 绿色发展路径及实施重点 (35)
  3.1 绿色发展路径的研究框架 (35)
  3.2 有效的资源保护利用 (37)
  3.3 适灾的环境安全保障 (41)
  3.4 韧性的经济产业转型 (46)
  3.5 持续的城市更新 (56)
  3.6 健康的人居环境营造 (61)

识别篇 湖北省绿色发展评估与问题研判

第4章 湖北省绿色发展基础条件与评估思路 (69)

4.1 湖北省绿色发展基础条件 ·· (69)
4.2 湖北省绿色发展评估思路 ·· (75)

第5章 长江经济带背景下的湖北省绿色发展评估 ························· (83)
5.1 绿色发展水平评估 ··· (83)
5.2 绿色发展分布特征 ··· (94)
5.3 绿色发展分领域特征 ·· (97)

第6章 湖北省各城市绿色发展评估 ··· (104)
6.1 绿色发展水平评估 ··· (104)
6.2 绿色发展分布特征 ··· (108)
6.3 绿色发展分领域特征 ·· (113)

第7章 湖北省绿色发展限制要素识别 ·· (122)
7.1 各领域绿色发展的限制要素 ·· (122)
7.2 各城市绿色发展的限制要素 ·· (130)

对策篇 湖北省绿色发展战略与路径

第8章 湖北省绿色发展战略 ·· (139)
8.1 绿色发展目标与指标 ·· (139)
8.2 优先发展短板领域战略 ··· (140)
8.3 深入挖掘领域关联战略 ··· (143)
8.4 分城市等级绿色发展战略 ·· (145)

第9章 湖北省绿色发展路径 ·· (149)
9.1 省域国土空间协调发展 ··· (149)
9.2 武汉城市圈经济产业韧性提升 ··· (156)

第10章 武汉市绿色发展路径 ··· (161)
10.1 武汉市湖泊资源保护利用 ·· (161)
10.2 武汉市可持续发展示范区规划 ·· (172)
10.3 武汉市沿长江段生态安全保障 ·· (180)

参考文献 ··· (192)

理论篇
高质量发展与绿色发展路径

第 1 章　高质量发展及其研究进展

1.1　高质量发展概念

2017年,十九大报告首次提出高质量发展的概念,并指出:"我国经济已由高速增长阶段转向高质量发展阶段,正处在转变发展方式、优化经济结构、转换增长动力的攻关期,建设现代化经济体系是跨越关口的迫切要求和我国发展的战略目标。"

学者们从不同角度对高质量发展的概念加以阐释。任保平(2018a;2018b)提出高质量发展本质上是经济发展的高级状态和最优状态,是综合经济发展有效性、充分性、协调性、创新性、持续性、分享性和稳定性的质量型发展。在此基础上,他对经济发展质量和经济增长的关联与区别进行解读,认为经济增长效率在一定程度上可以体现经济发展质量,效率的高低反映了各类经济资源的配置结构。邵彦敏(2018)认为高质量发展是能够满足人民美好生活需求和期盼的发展,其实质是创新、协调、绿色、开放、共享理念引领下的发展质量的提高。在科技创新发展不充足、经济社会发展不平衡、生态环境关系不和谐、对外开放格局待提高、共享发展条件不平等的环境下,以新的发展理念引领高质量发展成为必然。田秋生(2018)认为高质量发展可以理解为发展理念、发展方式和发展战略。作为发展理念,是在我国经济发展新时代背景下五大发展理念(新发展理念)的高度融合,高度关注质量与效率。作为发展方式则是在集约化内涵式发展方式基础上的进一步提升。作为发展战略,可将其视为统领现行各类经济发展战略的综合性战略。张军扩等(2019)将高质量发展解读为高效、公平和绿色可持续的发展。经济、政治、文化、社会、生态发展缺一不可,并认为五位一体的协调发展是影响高质量发展的重要内容,强调高质量发展既是绝对和相对的统一,也是质量与数量的统一。周文和李思思

(2019)探讨了政治经济学视角下的高质量发展,认为高质量发展是生产力的提高和生产关系的调整。具体来说,在提高生产力方面,科学技术的进步与创新、生产力结构的协调与优化、能源消耗方式的变革与调整、人的全面发展是推进高质量发展的重要内容。而生产关系则需要在新的发展背景下进行调整以解决逐渐凸显的问题,适应生产力的要求。金碚(2018)从经济学角度切入,在回顾和解析商品价值理论的基础上,提出高质量发展是能够更好地满足人民真实需求的经济发展方式、发展结构和动力状态。同时对"高速增长"和"高质量发展"两个概念的关系和差异进行了辨析。他强调我国在经历经济高速增长的阶段后,不平衡、不充分的问题成为经济发展的突出问题,经济发展的质量成为聚焦点,而破解经济发展质量较低的关键在于供给侧(使用价值侧)的结构优化。

综上所述,高质量发展是我国进入新发展阶段后为满足人民对于美好生活的需求,提出的一种全新发展方式,其将创新、协调、绿色、开放、共享五大发展理念(新发展理念)作为引领,通过高效、公平、可持续的手段,解决经济、社会、环境等多方面的问题,最终达到质量与效率的全面提升,真正走上质量型发展道路。

1.2　高质量发展内涵

基于上述高质量发展的概念,本节进一步从经济、社会、环境的高质量发展,高质量发展的五大理念,城市与区域高质量发展三个方面探讨高质量发展内涵。

1.2.1　经济、社会、环境的高质量发展

高质量发展强调以人为中心的"经济-社会-环境"复合生态系统持续的、稳定的、健康的发展。

1. 经济的高质量发展

在环境保护与经济发展之间寻求平衡,在充分使用可利用资源的前提下,

提高生产过程中对资源的利用效率,从而促进经济朝更高效、稳定和创新的方向发展(韩江波,2019;任保平,2018c;陈昌兵,2018)。

2. 社会的高质量发展

从人的角度出发,通过平等分配、建立医疗和教育保障体系、实现性别平等、完善政策上的公平性和加强公众参与等方式来实现。社会的高质量发展关注人类本身,以和谐共生、和平包容为目标,强调性别平等、人权、人的基本自由以及人的全面发展。

3. 环境的高质量发展

从环境资源系统出发,通过减少对资源的过度利用来保障稳定的资源基础,从而维护资源环境的消纳能力,形成健康共生的生态系统。在此基础上,面对气候变化与自然灾害等影响,通过保护和改善生态系统和环境服务、减少温室气体排放、减少空气污染、推进降低灾害风险的管理方式等增强城市韧性。

4. 经济与环境协调发展

我国城市用地需求增长与资源供给短缺的矛盾仍然存在,要实现高质量发展,须协调经济发展与生态环境保护之间的关系,在生态环境保护、资源利用与城市开发之间寻求平衡。随着生态文明建设提升至国家战略高度,未来的经济增长模式将发生根本转变,重视城市与区域的资源环境保护是实现高质量发展和经济长远稳定发展的基本前提(赵洋,2020;王成金等,2011)。

1.2.2 高质量发展的五大理念

1. 创新发展

十八届五中全会提出:"创新是引领发展的第一动力",将创新发展提到新发展理念的首要位置。目前主要从科技创新、经济创新、社会创新、区域创新四个方面来深入理解创新如何引领高质量发展。

(1)科技创新。该词是在我国经济快速发展的背景下提出的,是学术界将科学、技术、创新整合而成的新兴名词,可将其理解为将新的知识和新的技术应用到生产体系之中的科学技术活动(方丰等,2014)。既有研究从科技创新效率(刘汉初等,2018)、科技创新发展思路(王业强等,2017)、科技创新与绿色发展的关系(黄娟,2017)、科技创新与区域经济发展的关系(樊杰等,2016)等方面,提出构建新型的区域科技创新空间格局、驱动协调均衡战略、缩小区域发展差距等实现高质量发展的途径与策略。

(2)经济创新。经济创新主要基于我国经济新常态背景,在马克思主义政治经济学的基础上逐渐建构而成,所形成的理论研究已进一步分化出经济创新发展动力论、经济创新发展主体论、经济创新发展产业新体系论、经济创新发展制度论等(王胜利等,2017)。部分实践研究提出调整社会融资结构、金融机构结构和金融工具结构,推动中国金融结构向市场主导型方向发展等促进国家经济高质量发展的方式(闫泽涛等,2018)。

(3)社会创新。社会创新在我国第三次社会转型、亟须推动社会治理模式创新的背景下形成,强调从政府主导转向政府与社会共同主导,通过具体行动来解决社会问题,拥有明确的公共性和社会性(纪光欣等,2014)。相关研究分别从宏观和微观层面指出国家、组织、企业、个人要组合各种创新要素和资源,形成扩展性创新网络与高质量社会秩序,提出将原有的补缺式、差异式社会政策转化为普惠性社会政策,从制度上实现社会政策与经济发展的结合(李迎生等,2018)。

(4)区域创新。区域创新主要目的是解决我国区域发展中存在的不平衡、不协调等问题,聚焦区域创新系统的研究,包括区域内部各要素的功能定位及其相互作用关系。有研究认为,参与技术创新和发展的企业、大学、研究机构、中介服务机构和政府组成了区域创新的基本要素(付淳宇,2015)。加大创新投入、优化环境、改善交通、推动信息技术发展等促进区域创新发展的举措,有助于实现区域高质量发展(蒋天颖,2014)。

2. 协调发展

十九大报告提出的"实施区域协调发展战略"已成为国家七大发展战略之一,凸显出协调发展理念在我国的重要地位。该战略对高质量发展的意义在于科学评估资源环境承载能力,发挥区域优势,解决发展不平衡问题,从而打造要素流动自由化、秩序化的新格局。

目前对于区域协调发展研究的侧重不同,从要素角度来看,有的研究单个要素的跨区域协调发展,如我国东部、中部、西部地区的经济协调发展现状,以及城市经济与农村经济的协调发展规律(樊杰等,2019)等;有的研究区域内经济、社会、环境等诸多因素之间的协调发展,比如经济发展与人口发展的动态协调、经济发展与资源环境的协调与耦合机制、经济发展和社会发展的协调等(韩增林等,2020;王丽艳等,2020)。

3. 绿色发展

目前,与绿色发展相关的概念主要包括环境保护、绿色经济(曲铮铮等,2015)、可持续发展(刘纪远等,2013)等。不同国家与地区基于自身的发展阶段与需求,其绿色发展内涵也不同。英国、法国、美国等发达国家重视能源节约和新能源开发,将绿色发展视为推动经济发展的新动力和节能、低碳发展的新模式。

相关研究已进行了多样化的探讨。国内诸多研究提出绿色发展是有利于资源节约和环境保护的经济发展新模式,其目标是在有限的资源环境承载能力下,实现城市与区域的高效发展(胡鞍钢等,2014)。2009年第二届中国绿色发展高层论坛对绿色发展内涵做出了具体阐述,主要包括生态环境的保护和改善、高效的资源利用、居民可持续的消费行为、良好的城市环境以及社会平等进步等。2019年第八届中国绿色发展高层论坛围绕"创新引领绿色发展"主题,聚焦中国绿色发展新内涵,进一步将生态教育、绿色能源、绿色文化等内容纳入绿色发展理念。总体而言,绿色发展的基本原则是以生态环境保护为主,通过正确处理经济、社会与环境的关系实现高质量发展。

4. 开放发展

高质量发展中的开放发展,其核心是解决发展中的内外联动问题。自1978年邓小平提出改革开放以来,我国已经形成开放型经济的基本格局。虽然2008年金融危机导致的"逆全球化"浪潮给中国开放发展道路带来了巨大的冲击,但是经济全球化是世界发展的必然趋势,我国将依据十八大提出的人类命运共同体意识,坚持走经济全面开放的发展道路。全面开放发展的基本内涵主要包括以下六点:一是优化区域开放的格局,提升中西部开放力度;二是融入全球价值链,拓展对外开放空间;三是坚持"走出去"和"引进来"相结合的双循环系统;四是由制造业向服务业拓展,扩大发展领域的范围;五是掌握产业核心科技,创新驱动开放发展;六是优化内部体制机制,完成政策和制度的开放(戴翔等,2018)。

此外,从开放发展的主观能动性来看,一是强调主动开放,即适应国际形势发展变化,明确中国经济持续稳定良性发展的可选择路径;二是凸显互利共赢,共同维护多边贸易体制,与各国建立起牢固的利益纽带、构建广泛利益共同体,从而实现共赢;三是重视进出口平衡;四是强调更高层次的开放,包括扩大开放的空间、增加开放的内容、增加开放平台等。

5. 共享发展

共享是高质量发展的根本目标,共享发展是实现共同富裕的必要途径。在当前经济由高速发展转向高质量发展的背景下,共享发展在消除贫困、发展教育事业、完善社会保障制度等方面对我国经济社会发展提供指导。从共享发展的主体来看,十八届五中全会明确了共享发展下人民的主体地位,全体人民不仅是共享发展的受益主体,也是社会发展的参与主体;从共享发展的内容来看,共享发展旨在做到全面共享,让全体人民均衡地分享发展成果;从共享发展的途径来看,要明确建设主体、建设内容以及当前亟须解决的问题,以实现共建共享;从共享发展的过程来看,共享发展要采取渐进式的发展方略(柳礼泉等,2016)。

在共享发展中,经济建设是重中之重,在此基础上强调发展成果的共享。在共享发展的实践落实中,收入分配、教育、就业、公共服务和社会保障等是较为重要的内容(蒋茜,2016)。

(1) 收入分配。不同区域、不同行业以及城乡之间的劳动收入差距比较大,如何通过收入分配保障行业之间的收入差距,控制城乡之间居民收入的差异,是共享发展是否得以落实的重要衡量标准。

(2) 教育、就业。教育和就业资源共享是公民获得最基本生存能力和生存机会的关键。通过保障义务教育,推动城乡、区域之间的教育公平,提升教学水平等措施强化教育资源的发展。创造多元的就业岗位,实施积极的就业政策,提供公平、共享的就业机会和环境,完善就业服务体系。

(3) 公共服务和社会保障。要加强公共交通、医疗卫生、文化设施、体育设施等多方面的供给,以实现公共服务设施的均等化发展,提高居民生活质量。同时完善养老保险等社会保障制度,缩小不同区域、职业人群的养老金差距,以实现更公平的社会保障制度。

1.2.3 城市与区域的高质量发展

当高质量发展反映在城市与区域的实体空间时,要关注时间、空间、系统三个维度。在一定时间范围内,城市与区域发展是一个动态的、系统的演化过程,具有从低级到高级、从无序到有序的演化特征。城市与区域高质量发展的内涵是通过经济、社会、生态等系统转型,实现城市化、工业化和信息化的协调发展,保持城市与区域稳定、持续、高效发展。因此,对于城市与区域发展战略和决策的制定,也要体现时间的连续性,要同时考虑过去、现在和未来。

在空间层面上,作为城市与区域发展的物质载体,城市空间扩展、用地类型转变以及城市用地功能区的置换是城市与区域发展最基础、最直接且最直观的方面,体现了优化城市与区域空间结构的目标。高质量发展意味着城市规模和结构由小到大、由低级到高级、由不协调到协调、由非持续到可持续的发展过程。通过优化空间资源的配置,使经济社会发展与资源、环境的承载力相适应,以促进城际、城乡"地尽其用"和区位效益最大化(朱晓等,2010)。

在复杂系统视角下,城市与区域由资源、环境、经济、社会各子系统及其组成要素构成,子系统之间呈现相互制约、相互作用、相互协作的关系。高质量发展意味着城市与区域要加强这种互相支持、互相增强、互利互补的关系,形成一个具有耗散结构、自组织特征的系统架构与耦合协同机制,维系各子系统处于良性循环状态(柴攀峰等,2014;王力年,2012),实现城市与区域全面、协调、高质量发展。

1.3 城市与区域高质量发展评估

解析城市与区域高质量发展的基本特征是锁定评估因素的重要前提,探讨城市与区域是否实现高质量发展的判断标准是形成评估思路的关键支撑,最终构建高质量发展评估体系则是科学衡量城市与区域发展水平并提出高质量发展战略的必要手段。

1.3.1 基本特征

学者们普遍认为高质量发展的基本特征是相对于高速度增长而言的。冯俏彬(2018)认为我国经济高质量发展的特征可以总结为五大方面:前三个特征分别是第三产业、创新、消费对经济增长的影响力显著提高,第四个特征是供需结构、产业结构、领域结构的不断优化,第五个特征是协调与共享发展更为深入。具体来看,第三产业对于经济增长的刺激作用持续强化,创新发展对于经济的转型持续深化,消费对于经济增长的基础作用不断增强,这些现象将成为经济发展由增长迈向提质的突出特征。此外,供给侧结构改革和包容性增长的作用将不断凸显,刘志彪(2018)从历史背景、评价标准、实现手段三个方面解析高质量发展的特征,具体来看,第一,我国经济发展过程中,需求结构和供给结构发生变化,须解决的问题由"解决有无"转变为"解决满意与否";第二,不同于高速度发展的单一评价,高质量发展的评价是维度多元化、主客观结合的,因而其评价具有困难性;第三,在高质量发展阶段,将市场主体自主决策作为资源配置方式更优。

1.3.2 判断标准

任保平及其团队(2018)对如何判断高质量发展水平进行了深入解析,提出将有效性、协调性、创新性、持续性和分享性作为高质量发展的标准。其中,有效性通过效率来表征,经济发展质量与经济产出效率正向相关;协调性主要衡量产业、贸易、区域的结构合理性;创新性是产品技术、科学技术、体制机制的综合创新,是衡量新时代背景下经济高质量发展的重要标准;持续性的主要内容是对生态环境的保护、对资源利用方式的高度重视和优化;分享性是指全民、全区域、全行业的经济发展成果共享,高质量发展应是公平、均衡和均等的共建共享。

1.3.3 评估体系

高质量发展的评估经历了由聚焦经济发展增量到重视经济增长质量的转

变。部分研究通过劳动生产率、投入产出率、投资效率、增加值率等表征经济增长质量,但上述指标在表征区域经济增长质量时具有一定的单维性和局限性。

基于此,学者们对评估指标的选取维度和评估体系的构建视角等方面进行了优化提升,经济增长质量多维评估的理论探讨和实证分析逐渐成为热点。詹新宇和崔培培(2016)以五大发展理念(新发展理念)为准则,从创新、协调、绿色、开放、共享五个方面构建经济增长质量测度的指标体系,采用主成分分析法评估各省份的经济增长质量,该指标体系为表征区域经济增长质量提供了新视角。魏婕和任保平(2012)构建了包括经济增长效率、经济增长结构、经济增长稳定性、经济增长的福利变化与成果分配、经济增长的生态环境代价、国民经济素质六个方面在内的经济增长质量指数测度体系,对中国各省份经济增长质量进行计算,并基于计算结果将各省份增长模式划分为五类,为评估指标体系的构建和区域发展路径提供了参考和借鉴。肖攀等(2016)在对经济增长质量的内涵进行阐释后,将经济增长的结构、稳定性、福利变化与成果分配、资源环境代价作为衡量经济增长质量综合评价体系的四个维度,采用熵权综合指数法进行计算。在此基础上,利用 PS 俱乐部收敛模型对我国经济增长质量的空间收敛特征和时空演化进行分析,识别出我国五个差异显著的收敛俱乐部。

随着大量研究着眼于全国或区域经济增长质量的测度,在新时代中国经济发展的背景和要求下,学者们开始尝试构建经济高质量发展的评估体系。现有研究主要分为以下三类。

(1)以新时代经济发展的目标或问题为导向来构建评估体系。魏敏和李书昊(2018)在解析和梳理经济发展质量的理论和实践后,将经济结构、创新驱动、资源配置、市场机制、经济增长、区域协调、产品服务、基础设施、生态文明、经济成果十个方面的优化和提升作为构建评估体系的逻辑主线和子系统,并以此确定准则层和具体的测度指标;进一步采用熵权 TOPSIS 法计算我国各省份在十个子系统中的水平和综合水平。张乐勤(2019)以安徽省为例,采用主成分分析法对其经济社会、生态基底和环境保障进行测度,并在此基础上测算三者间的协调程度,得出制约高质量发展的主控因素。

(2) 从宏观至微观的角度来构建评估体系。鲁继通(2018)以高质量发展的内涵特征和理论架构为切入点,从微观层面、中观层面、宏观层面研究评估体系。具体来看,微观层面旨在提升全要素生产率和转换发展动力,即质量变革、动力变革和效率变革;中观层面强调产业升级、结构优化和区域协调;宏观层面强调经济发展、社会进步和生态文明的协调发展。

(3) 基于高质量发展内涵来构建评估体系。马茹等(2019)认为高质量、高效率、更稳定、更开放可以视为经济高质量发展的内在特征,通过线性加权法,对高质量供给、高质量需求、发展效率、经济运行、对外开放五个维度及其相应指标进行计算,根据各省份的高质量发展综合指数将其划分为四个梯队,结果表明我国经济高质量发展呈现出由东向西推移的非均衡特征。师博和任保平(2018)则提出从增长基本面和社会成果的视角切入,增长的基本面由增长的强度、稳定性、合理化和外向性构成,社会成果则由人力资本和生态资本构成,采用均等权重法对指标进行赋值,得到经济增长质量指数。

1.4　城市与区域高质量发展趋势

在新时代的发展背景下,城市与区域高质量发展的趋势体现在理念、目标、内容及技术四个方面。

1.4.1　理念转变

城市与区域的高质量发展,对于区域资源配置、城乡空间格局优化、城乡运行功能推进、城乡人居环境营造具有积极的推动作用。在高质量发展理念的指引下,空间发展由关注开发的增量模式向挖掘城乡用地潜力的存量模式转变;从重点关注城市空间发展向强调区域协调、城乡统筹发展转变;从自上而下的蓝图式规划向重视底线思维、国土空间安全和风险防控的治理转变。

1.4.2　目标提升

根据城乡实际,制定可持续、本地化、特色化的高质量发展方案,结合当地气候、资源和文化进行针对性创新,凸显当地高质量发展特色。发展目标由城市规模、增长速度提升转变为发展效率、发展质量提升。通过经济动力转换、供给侧结构改革、信息数字化支撑、社会保障制度设计、城市功能产业整合等多领域建设路径,促进城市与区域的发展升级,实现经济创新升级、城乡协调高效、国土绿色安全、区域共建共享、功能网络开放的高质量发展。

1.4.3　内容优化

步入新时代,城市发展要围绕发展标准制定、高质量发展评估、多领域要素提升、多层级规划编制、多维度路径建设方面展开对理论与实践的进一步探索。区域发展聚焦经济、产业、交通等重点领域,以区域协调和区域一体化为切入点,采用多样化数据如碳排放数据、DMSP/OLS夜间灯光数据、区域大数据等,关注区域的创新能力与创新网络、区域效率与低碳发展、绿色健康与韧性响应、协调合作与体制机制、基础设施共建共享,进行区域发展质量水平评估、区域发展问题甄别和高质量发展路径探索。

1.4.4　技术创新

城市与区域空间技术发展迅速,由地理空间分析及规划技术发展为大数据技术,直至如今人工智能技术在国土空间开发与保护中的应用,均体现高质量发展需要技术创新。一方面,高质量发展须建立全流程、智能化的动态规划流程体系,从数据采集、数据分析、方案决策及实施反馈调整等方面运用人工智能2.0技术,以面向社会新需求、模拟社会运行新变化为目标,在智能城市、智能医疗、智能交通、智能制造等领域实现动态规划调控;另一方面,高质量发展须由多元主体参与规划治理,多元主体包括政府、专家、居民及组织机构,运用人工智能技术可使多元主体在规划过程、实施反馈及监督检查等各个阶段发挥作用。

第 2 章　绿色发展及其研究进展

2.1　绿色发展概念与内涵

随着社会不断进步、经济快速发展与环境显著变化,绿色发展概念得到延伸,人类福祉改善和社会公平被纳入其中,形成"经济-社会-环境"全面协调的绿色发展。

2.1.1　概念与内涵解读

17 世纪末到 18 世纪初,西方国家的环境保护运动成为绿色发展的思想萌芽。在工业文明快速发展的时代背景下,诸多学者关注到城市快速发展导致的环境问题,初步探讨经济增长与环境容量之间的关系。英国古典政治经济学家威廉·配第提出人类创造财富的能力受限于自然条件(2006),马尔萨斯进一步提出"资源绝对稀缺论"(2010),即土地生产力和人口增长之间的不平衡将成为未来社会发展的重要矛盾。1972 年,罗马俱乐部在《增长的极限》中对以全球性生态破坏为代价的发展模式提出质疑(德内拉·梅多斯等,1983)。1984 年,约翰·斯图亚特·穆勒反思经济增长导致的生态破坏,提出"静态经济"理论,强调经济发展增长率为零、人口增长率为零、人均消费水平保持不变的状态(2009),这种发展模式可作为绿色发展的理论基础。

绿色发展理念成为城市经济社会发展纲领性思想的主要标志之一是 1972 年联合国人类环境会议发表《人类环境宣言》和《只有一个地球》,这两份文件共同呼吁全体人类提高生态保护意识,强调各国应进一步重视环境污染问题。1987 年,世界环境与发展委员会(WCED)正式提出"可持续发展"理念,为世界各国开展环境和资源保护行动提供了重要的理论基础。皮尔斯和杰格布斯将"绿色经济"作为一种解决经济增长和环境保护之间矛盾的有效途径,提出将环境融入资本投资,以期消除市场外部性与环境治理问题。2002年,联合国开发计划署发布了《中国人类发展报告2002:绿色发展 必选之路》,使得"绿色发展"正式进入人们的视野,各界掀起了探索资源和环境可持续发展理论与实践的热潮。

总体来看,绿色发展理念着眼于经济发展与资源保护间的关系,其核心是经济、社会和自然系统的共生与协调发展(胡鞍钢等,2014)。绿色发展的内涵体现在以下三个方面。

(1) 绿色发展的必要前提是资源与环境的刚性保护与底线管控。绿色发展理念以生态环境要素为保护核心,以生态环境容量和资源承载能力为底线,强调自然资源的可持续利用与环境的保护、修复(刘伊生,2014)。与传统城市和区域的高投入、高消耗、高污染发展方式相比,绿色发展要求全面提升资源利用效率、充分利用可再生能源、减少影响环境的城市活动、加强生态环境保护、谋求生态盈余(李佐军,2012;Wang等,2019)。

(2) 绿色发展的重要手段是以创新技术进行传统经济模式变革。英国、法国、美国等发达国家的先行实践表明了一种新的经济模式与变革趋势:强调能源节约和新能源开发,从而推动新兴产业发展,减少工业发展对资源的依赖程度。比如美国和日本通过相关法案与政策引导资金、人才、技术流向新能源、绿色建筑、节能家电、节能电器等领域,将绿色经济作为新的经济增长点,发展生态农业、可持续能源以及高新产业等。国内通过绿色发展理念促进经济增长的有效途径有绿色技术、绿色制度和绿色投资,强调在生态治理和环境保护的过程中发展经济增长新动力(顾朝林,2015;2019)。

(3) 绿色发展的方法论是城市、区域与自然环境的有机统一。绿色发展将资源与环境视为城市与区域发展的内在要素,涵盖社会、经济、环境等多个领域,重视领域之间的关联性、整体性和协调性(胡鞍钢等,2014),通过正向机制实现整体的绿色发展。绿色发展的目标是经济系统的"绿色增长"、自然系统的"生态盈余"以及社会系统的"健康和谐"。

2.1.2 实践探索演进

绿色发展理念在全球范围内已成为基本共识,各国在能源资源利用、经济发展与城市规划等领域都做出了重大探索。20世纪80年代以来,美国相继通过了《综合环境反应、补偿和责任法》《超级基金修订和补充法案》,以金融的形式约束企业的污染排放问题。2007年,美国又发布了《气候安全法案》《低碳经济法案》等一系列重要法案来推行绿色发展理念。英国的绿色发展实践主要从能源使用、经济生产与生活方式三方面进行,强调政府要加强对碳排放的监管和清洁能源的使用推广,2008年的《规划更美好的伦敦》还特别关注了资源利用和环境保护策略。日本在2014年发布《创造未来:东京都长期展望》,从国家、城市、社会三个层面构建绿色循环发展体系。

在绿色发展的全球大背景下,我国在经济和社会发展宏观政策上也不断推进绿色发展战略,经历了从起步到快速发展、直至全面推广的阶段,涉及的领域不断扩展,内容也更为详细,见表2.1。1973年召开的第一次全国环境保护会议是我国绿色发展的萌芽,会议通过了第一个环境保护文件《关于保护和改善环境的若干规定》,成为环境保护的第一个里程碑(陈思宇,2020)。1983—1984年召开的第二次全国环境保护会议正式将环境保护确定为基本国策。1992年,党中央、国务院批准了纲领性文件《中国环境与发展十大对策》,统筹考虑环境保护与经济发展的关系。十八大以来,生态文明建设成为统筹推进"五位一体"总体布局和协调推进"四个全面"战略布局的重要内容,也是我国四十年环境保护实践的重要成果。2021年颁发的《国务院关于加快建立健全绿色低碳循环发展经济体系的指导意见》提出绿色发展主要内容包括绿色规划、绿色设计、绿色投资、绿色建设、绿色生产、绿色流通、绿色生活、绿色消费等。

表2.1 我国绿色发展的阶段划分和相关政策文件

发展阶段	时间节点	相关会议或重要政策文件	相关内容
起步阶段	1973年	第一次全国环境保护会议	通过了第一个环境保护文件
	1983—1984年	第二次全国环境保护会议	将环境保护确定为基本国策
	1992年	《中国环境与发展十大对策》	实行可持续发展战略

续表

发展阶段	时间节点	相关会议或重要政策文件	相关内容
起步阶段	2001年	《中华人民共和国国民经济和社会发展第十个五年计划纲要》	提出"绿色食品""绿色通道""城市绿化"和"推行绿色消费方式"四个关键词
	2006年	《中华人民共和国国民经济和社会发展第十一个五年规划纲要》	提出绿色建筑和绿色工业两方面内容
快速发展阶段	2007年	中国共产党第十七次全国代表大会	将生态文明建设作为全面建设小康社会奋斗目标的新要求
	2011年	《中华人民共和国国民经济和社会发展第十二个五年规划纲要》	将"绿色"升华为"绿色发展",并增加其他内容
	2012年	中国共产党第十八次全国代表大会	将生态文明建设纳入中国特色社会主义"五位一体"总体布局
全面推进阶段	2015年	中国共产党第十八届中央委员会第五次全体会议	创新性提出新发展理念之一"绿色发展"理念
	2017年	中国共产党第十九次全国代表大会	进一步指出"加快生态文明体制改革,建设美丽中国"
	2018年	《中共中央、国务院关于全面加强生态环境保护坚决打好污染防治攻坚战的意见》	提出形成节约资源和保护生态环境的空间格局
	2021年	《国务院关于加快建立健全绿色低碳循环发展经济体系的指导意见》	推行绿色规划、绿色设计、绿色投资、绿色建设、绿色生产、绿色流通、绿色生活、绿色消费

资料来源:相关政策文件。

2.2 绿色发展的基础理论

基于绿色发展理念的内在逻辑,可进一步延伸出可持续发展、低碳发展、循环经济、绿色经济等理论,绿色发展理念的内涵以这些理论的核心思想为基础,同时加以深化。

2.2.1 可持续发展理论

1. 理论缘起与基本内涵

1972年,罗马俱乐部出版《增长的极限》,书中提出城市与区域经济发展受人口、粮食、工业、环境和资源五个因素制约,存在增长的极限,并提出"持续增长"和"合理的、持久的均衡发展"概念,引起了国际上的强烈反响,开创了可持续发展研究的新纪元。1980年,国际自然及自然资源保护联合会在《世界自然资源保护大纲》中研究自然、社会、生态、经济与资源利用的基本关系,强调发展经济的同时要保护自然资源,明确了可持续发展的概念核心。1987年,联合国世界环境与发展委员会在《我们共同的未来》报告中提出"人类经济发展与自然环境和谐相处,以使子孙后代永续发展"的目标,这一表述成为国际通用的对可持续发展概念的解释;报告中还对经济与产业发展、城市与人口规模、能源等资源利用、粮食安全进行了详细分析并提出建议,极大地推动了可持续发展理论的形成与传播。1992年,联合国环境与发展会议通过的《21世纪议程》指出,城市与区域发展要综合考虑经济、社会与环境,树立环境与发展相协调的可持续发展观。至此,可持续发展理论形成以人为中心的"经济-社会-环境"复合生态理念,追求持续、稳定、协调、健康的发展。

2. 理论与绿色发展的关系

与绿色发展理念相似的是,可持续发展实质是对传统发展模式的创新性变革,二者的差异有两点。第一,可持续发展侧重于长远利益,因而具有模糊性和抽象性;而绿色发展是实现这一抽象目标的具体化理念,它提供了更为明确的实施路径。第二,可持续发展强调在不损害资源与环境再生能力的基础上满足不同代际的基本需求,是一种"经济发展的同时兼顾环境保护"的模式(庞素艳等,2015);而绿色发展强调以环境保护促进发展模式的根本性转变,从而实现发展的高质量和高效率,并且谋求更多生态盈余,是对可持续发展理论更为积极的深化。

2.2.2 低碳发展理论

1. 理论缘起与基本内涵

20世纪末,全球面临温室气体大量排放、极端天气事件频发等气候环境问题,低碳城市、低碳经济等概念应运而生。相关概念首次出现在2003年英国能源白皮书《我们能源的未来:创建低碳经济》中,英国在意识到能源安全和气候变化的影响后,提出以更少的资源消耗与环境污染创造更多的经济效益,设立了清晰的减排目标,并颁布了一系列与减排相关的政策,不断完善政府公共管理。随后,日本进一步思考如何建设低碳社会,并于2008年提出了《构筑低碳社会行动计划》,目标是通过技术创新、制度创新、观念创新等来尽可能降低国民经济生产与国民生活中的碳排放量,提倡各生产部门的低碳排放、国民生活的节俭与高质量、保持和维护自然环境等举措(刘志林等,2009)。

基于低碳经济和低碳社会的国际研究,我国对低碳发展理论进行了深入研究:学者从城市生产活动的视角,提出低碳城市必须推行低碳生产、低碳消费、控制高碳产业发展速度;从城市能源利用的角度,认为低碳经济的实质是城市能源结构变革,关键在于低碳能源开发与清洁生产;从城市功能的角度,认为低碳城市在具有较高的碳生产力的同时,要实现较低的碳排放量、较清洁的能源结构、较高的森林覆盖率、较完善的碳排放检测与管理体系、较高的低碳意识等(辛章平等,2008;王国平,2010)。

由此可见,低碳发展理论的提出,与全球气候变化、能源危机等问题息息相关,并对当下以及未来的城市与区域发展具有较强的理论指导性与目标导向性。国际与国内对低碳发展理论的探索路径具有一脉相承的延续性,均着眼于保证经济增长态势的同时,实现经济与社会发展的低碳化。

2. 理论与绿色发展的关系

低碳发展理论和绿色发展的相似之处在于为生态保护与经济发展提供了

相同基础,但各有侧重。一方面,低碳发展仅着眼于生态系统中的碳循环链,在减少资源利用与排放中的碳含量这一实施路径中,针对城市经济与社会子系统提出具体要求;而绿色发展着眼于经济系统、社会系统和自然子系统间的复杂相互作用,相比低碳发展更具系统观。另一方面,从最终目标上看,低碳发展着眼于维持碳排放量在一个相对于气候环境而言稳定的水平,最终实现"人与自然的和谐",是一种"视环境变化而做出相应调整"的被动模式;而绿色发展强调在资源与生态约束条件下,通过"绿色化"的实践使绿色资产不断增加、绿色福利不断提升,是较为长远的主动模式。

2.2.3 循环经济理论

1. 理论缘起与基本内涵

20世纪60年代,美国经济学家肯尼斯·鲍尔丁提出的"宇宙飞船经济理论"被认为是循环经济的萌芽(胡鞍钢等,2014),这一理论将地球比作宇宙飞船,只有实现对资源的不断循环利用,地球才能保障人类生存;70—80年代期间,循环经济从关注污染物的无害化处理转变为强调实现废弃物的资源化;90年代,环境保护、清洁生产、环保消费和废弃物资源化等成为循环经济理论中的重要内容。在众多国家的循环经济实践中,日本提出的三层面循环模式具有较强的参考意义:一是企业层面的小循环模式,强调企业推行清洁生产以提高生态效率;二是区域层面的中循环模式,强调企业之间构建物质与能源的循环链;三是社会层面的大循环模式,强调不同产业之间、城市地区与乡村地区之间的资源循环利用,建立循环型社会,在整个经济系统中实现少废物甚至零废物排放(郑德凤等,2015)。总体来看,循环经济理论主要遵循生态经济学原理,着眼于研究人们如何按生态规律进行经济活动,从而对环境负面影响最小、资源利用率最高,其宗旨是遵循循环经济原则,寻求"经济-社会-环境"可持续发展的路径。

2. 理论与绿色发展的关系

循环经济理论的核心是将传统国民经济产业体系所沿用的"资源—产品—消费—污染排放"单向流动结构转化为"资源—产品—消费—再生资源"

循环性经济结构,大大降低甚至消除经济发展带来的环境污染,最终走向环境友好的发展方式(胡鞍钢等,2014)。而绿色发展理念同样提出利用绿色创新科技进行传统工业化模式的根本性变革,这意味着循环经济在某种程度上为绿色发展提供了重要的理论基础。从运行机制来看,绿色发展强调国民经济系统的生产端进行绿色化改造,与循环经济中构建生产部门之间的物质与能源循环相似,二者都以实现低能耗、低物耗、低排放的绿色生产为目标。此外,绿色消费注重消费端的环保消费以及废弃物社区管理,可与循环经济系统的生产端实现对接。由此可见,循环经济与绿色发展相辅相成、互为支撑。

2.2.4 绿色经济理论

1. 理论缘起与基本内涵

绿色经济理论源自1989年英国环境经济学家大卫·皮尔斯《绿色经济蓝图》一书,他从环境的角度阐释了环境保护及改善的问题,将绿色经济等同于可持续发展经济,但并未明确绿色经济的概念。直至2007年,联合国环境规划署(UNEP)等国际组织首次定义绿色经济为"重视人与自然、能创造体面高薪工作的经济",并将其视为一种经济绿色化的过程。2010年,联合国环境规划署在《绿色经济》报告中提出"绿色经济应包括改善人类福祉和社会公平,降低环境风险和生态的稀缺性",成为目前被广泛接受的对绿色经济概念的解读。随后,"以经济增长抵消环境与社会损失"的观点迅速在西方发达国家间扩散,拉开了经济发展向绿色经济转变的序幕,关注热点逐渐扩展至全球气候变化、生物多样性减少、食物危机、金融危机、社会公平和人类发展等。国内学者主要关注绿色生产实施带来的效应,通过绿色消费、绿色就业、绿色出行等方式促使公共资源向少数与弱势群体流动。总体来看,绿色经济理论强调通过生产要素的重组织逐渐将生态问题内部化,进而解决一系列环境问题和社会公平问题。

2. 理论与绿色发展的关系

绿色经济与绿色发展的内涵具有许多共性,两者均以人类发展问题为核心,均着眼于经济、社会和生态三个子系统之间的复杂关系,均提出保护生态环境、促进经济发展、兼顾社会公平的要求。两者的差异性主要体现在以下两个方面：一是关注要素，绿色经济关注资源分配、社会公平问题，而绿色发展关注产业结构升级、清洁工业发展等；二是形成结果，绿色发展是绿色经济在人与自然长远利益方面的延伸，重视为人类未来谋求更多的生产资料、更好的生存环境与更高的发展质量。

2.3 绿色发展相关议题

从绿色发展的概念、内涵与基础理论中可以看出，城市与区域的绿色发展兼顾了环境、经济、社会三个方面。因此，绿色发展的相关议题可划分为环境与气候适应、可持续人居环境、低碳与循环经济、社会包容性发展四个领域。

2.3.1 环境与气候适应

1. 资源环境保护

1972年联合国人类环境会议发布的《人类环境宣言》是第一个保护环境的全球宣言，明确提出了国际环境法的基本原则，为世界各国环境法规的制定指明了方向；1992年联合国环境与发展会议通过了《里约环境与发展宣言》和《21世纪议程》，科学、全面地阐明了环境与发展的关系。在此之后，关于可持续发展的议题呈喷发式增长。2000年联合国千年首脑会议通过《千年宣言》，提出对减贫、健康、两性平等、教育和环境可持续发展等众多问题设定全球性目标；2002年举办的可持续发展世界首脑会议通过了《约翰内斯堡可持续发展宣言》，将保护自然资源和环境作为实现可持续发展的关键内容之一；2012年举办的联合国可持续发展大会通过了《我们憧憬的未来》，评估了目前各国在实现可持续发展方面取得的进展和存在的问题，并提出体制框架和行动措施；2015年联合国可持续发展峰会通过了《2030年可持续发展议程》，涉及可持续发展的三个层面：社会、经济和环境，提出实现国际发展与合作的17项可持续发展目标。

2. 应对气候变化

1979年，第一次联合国气候变化大会在瑞士日内瓦召开，使得气候变化首次成为一个受国际社会关注的问题。20世纪70年代至今,气候变化大会每年召开一次,共经历了四个阶段。

(1) 第一阶段为议定书制定阶段(1995—1997年)。《京都议定书》成为了历史性的开端,首次提出以法规的形式限制温室气体排放,提出国家之间可进行碳排放交易、以"净排放量"计算温室气体排放量、形成绿色开发合作机制等多种减少碳排放的气候变化应对方式。

(2) 第二阶段为达成共识阶段(2009—2010年)。2009年通过了《哥本哈根协议》,强调应对气候变化的全球行动意识,深入探讨各国的碳排放问题与气温控制目标,为第三阶段制定的协定奠定了基础。

(3) 第三阶段为新的开启阶段(2010—2015年)。2015年通过的《巴黎协定》是继《京都议定书》后具有法律效力的完备的协定,成为履约和采取新时代行动的开端。从《巴黎协定》词频统计(图2.1)可以看出,对气候变化的关注重点不再局限于"温室气体排放"议题,而是逐渐转向"适应(性气候)""减缓(脆弱性)""可持续发展"等生态环境相关议题。

(4) 第四阶段为取得一定成效阶段(2016年至今)。多国共同商议应对气候变化的举措,我国从低碳转型技术、控制工业温室气体排放、创建绿色制造体系等方面展现了中国在应对气候变化问题中的行动和成效。

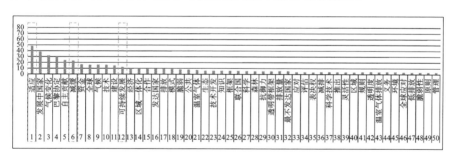

图 2.1　2015年联合国气候变化大会文件《巴黎协定》词频统计

2.3.2　可持续人居环境

1972年在瑞典斯德哥尔摩召开的联合国人类环境会议开启了人居环境

可持续发展的先河。自1976年以来,联合国人居署每20年召开一次世界范围内的人居大会,分别为1976年的第一届联合国人类住区会议(简称人居一,HABITAT Ⅰ),1996年的第二届联合国人类住区会议(简称人居二,HABITAT Ⅱ),以及2016年的联合国住房和城市可持续发展大会(简称人居三,HABITAT Ⅲ)。三次大会针对时代主题发布了相关议程——《温哥华人类住区宣言》《人居议程》和《新城市议程》,旨在向全世界宣布解决可持续发展问题的决策与决心。三次大会的共同议题包括发展、环境、政府、经济、资源、住房等,共计四类:经济发展、政府管理、资源环境、住房与设施。其中,经济发展和政府管理是各国政府持续关注的重点,而资源环境问题是联合国千年发展目标(millennium development goals,简称MDGs)中唯一还未实现的目标,因此这三者自然成为传承的核心议题。此外,随着城镇化进程的不断加快,全球城市住房、公共设施成为学术界与各国政府共同关注的焦点。

除了传承的核心议题,三次大会中的其他议题亦随着时代发展不断演变。总体而言,议题的演变体现务实化、科学化和多元化的发展趋势,主要表现如下。

(1) 拓展应用。从人居一关注能源与环境,到人居二关注资源的可持续性,再到人居三提出韧性、防灾和可持续发展,议题从单一的物质和学科问题逐渐拓展到城市与区域的发展。

(2) 强化实施。从人居一中的实施内容缺位,到人居二的初涉实施内容,直至人居三对规划保障和规划实施均进行了详细规定,体现了对于大会成果实施效果和可操作性的不断关注。

(3) 多元并包。从人居一采纳富裕国家官员的建议,到人居二关注落后地区的贫民窟等问题,直到人居三平衡了南北世界发展的问题与需求,兼容多元化的价值观,提出更客观的解决办法。

(4) 深入本质。人居一和人居二均提出了公平的目标,而人居三更深入本质,将对性别、民族的公平权利以及移民、种族和弱势群体等的关注变为具体行动。

三次大会还对人居环境健康规划提出了建设性要求。第一,通过加强空间建设提高人居质量,包括借助城镇化的内生动力,重视城市建设,提升城市空间建设质量,通过切实的规划手段来协助各尺度下人居环境的规划与管理。第二,提升城市权利和营造城市氛围,重视进城权(right to the cities)的价值原则(吴志强,2016),同时营造城市公平、城市包容的城市文明与氛围,在规划内容和重点上要求回归规划核心——强化空间规划,不断更新规划专业技术。第三,调整规划重点——从制定规划文件转向保障监督规划实施,一方面提供制度和资金等保障手段;另一方面实施规划评估等监督措施,提出评估机制与筹资来源、财政分权等先进的方法,为人居环境健康规划工作的展开提供指导和建议。

2.3.3 低碳与循环经济

世界经济与环境大会发起于中国,作为推动可持续发展的政府与企业交流合作平台,大会以引导世界各国向绿色生态发展模式转变为目标,共同寻求解决城市与区域发展过程中的环境持续恶化问题。大会可以划分为以下三个阶段。

(1) 应对危机阶段(2008—2010年),为应对全球性的金融危机,联合国鉴于中国经济发展表现及影响,在中国发起全球峰会,进一步扩大发达国家与发展中国家在绿色经济发展方面的国际交流与合作,该阶段会议主要围绕应对金融危机和全球经济复苏进行。

(2) 初步转型阶段(2011—2013年),该阶段会议主要探讨经济转型,包括低碳经济、循环经济等经济高质量发展议题。

(3) 稳步转型阶段(2015年至今),大会改变会议形式,在稳步转变经济发展形式的基础上,为具有绿色低碳发展变革力的企业颁发"国际碳金奖",向社会公众分享企业绿色低碳发展的成功经验,起到了示范引领绿色低碳经济发展的作用。

其他区域性会议有亚太经济合作组织(APEC)峰会与金砖国家峰会(图2.2)。APEC峰会着重解决亚太区域合作所面临的各类问题,调整经济合作方向与方式,并关注经济与环境的关系,探讨可持续增长、气候变化、防灾减灾等议题。金砖国家峰会更关注金融、贸易、投资、智库、科技、能源等领域的交流合作,倡导构建新兴经济体,以迎接新的经济发展挑战。

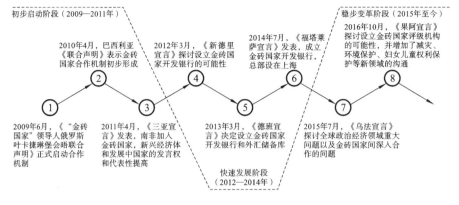

图 2.2　金砖国家峰会

2.3.4　社会包容性发展

1. 包容性发展

根据联合国经济及社会理事会定义,落后发展中国家涵盖了最不发达国家(least developed countries)、内陆发展中国家(landlocked developing countries)与小岛屿发展中国家(small island developing states),不同类别的国家面临的可持续发展挑战存在差异:最不发达国家整体发展水平较低,面临生活贫困、教育缺失、婴儿死亡率居高不下等问题;内陆发展中国家受限于偏远的地理位置,难以融入区域和全球发展市场;小岛屿发展中国家普遍领土面积较小、海岸较低、资源基础薄弱,往往因为过小的领土面积导致高昂的公共管理和设施建设费用。为更好地协助这些发展中国家、推动全球一体化下的包容性发展,联合国于 20 世纪 80 年代开始关注最不发达国家的发展与援助扶持问题;于 20 世纪 90 年代开始关注气候变化对小岛屿发展中国家的影响,探讨海平面上升、应对突发自然灾害、生态环境破坏与修复等问题;于 21 世纪开始关注内陆发展中国家的经济发展与基础设施建设问题。

根据相关资料,统计 2011 年最不发达国家会议、2014 年内陆发展中国家会议、2014 年小岛屿发展中国家会议词频(图 2.3~图 2.5),可看出,国际上对于最不发达国家在"援助""投资"等核心议题基础上,开始关注"可持续发展"

及"包容性"等新议题;内陆发展中国家依然重点关注"基础设施""发展",并开始关注通过提高"过境"效率来增加国际竞争力;小岛屿发展中国家重点关注"可持续发展""气候变化""海洋"的同时,社会公平("妇女"及"教育")也成为社会包容性发展中的重要议题。

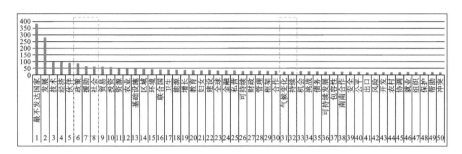

图 2.3　2011 年最不发达国家会议词频统计

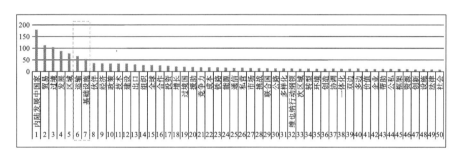

图 2.4　2014 年内陆发展中国家会议词频统计

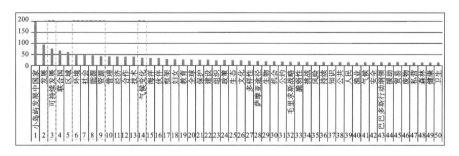

图 2.5　2014 年小岛屿发展中国家会议词频统计

2. 人口变动

20世纪50年代至60年代,世界人口会议着重讨论人口发展的预测技术问题,以及影响人口变动的各类因素。随着科学技术尤其是现代医药技术的迅猛发展,人口死亡率得以控制,世界人口发展进入快速增长时期,人口剧增给社会经济发展带来巨大压力,越来越多的人口与有限的资源之间的矛盾凸显。在此背景下,相关的国际性会议经历了由学术讨论性质的会议向政府间会议的转变(表2.2),主要围绕人口政策、社会教育、经济与文化、人口国际援助等方面设立主题,强化政府的人口控制政策对协调人口增长和社会需求的引导作用。

表2.2 人口变动相关的国际性会议情况

会议类型	时间	地点	会议与政策文件名称	主要内容
人口科学学术讨论会议	1954年	意大利罗马	第一次世界人口会议	着重讨论人口研究技术问题,如人口统计与调查、人口预测等
	1965年	南斯拉夫贝尔格莱德	第二次世界人口会议	探讨影响人口变动的各种因素,如经济、社会发展、政策等
人口科学问题的政府间会议	1974年	罗马尼亚布加勒斯特	第三次世界人口会议暨第一次国际人口与发展会议:《世界人口行动计划》	在降低死亡率与发病率、提高出生率方面探讨量化指标与实现措施,协调世界人口与经济、社会发展趋势
	1979年	斯里兰卡科伦坡	首届国际议员人口和发展会议:《关于人口和发展问题的科伦坡宣言》	援助发展中国家解决人口和发展问题,制订适当的人口政策,加强人口与发展关系方面的社会教育等

续表

会议类型	时间	地点	会议与政策文件名称	主要内容
人口科学问题的政府间会议	1984	墨西哥墨西哥城	第二次国际人口与发展会议：《墨西哥城国际人口与发展会议宣言》	关注发达国家人口老龄化、青年人口就业机会等新的问题与挑战
	1994年	埃及开罗	第三次国际人口与发展会议：《国际人口与发展会议行动纲领》	关注妇女权利保障、跨区域人口流动与迁移、人权和发展权、持续的经济增长和可持续发展

资料来源：相关政策文件。

随着发达国家人口老龄化问题凸显，相关会议重点探讨随之而来的劳动力人口减少、经济结构改变、政府财政压力增大等挑战。此外，在经济全球化不断深化、区域间合作与交流愈发紧密的时代背景下，跨国移民、区域人口迁徙与人权问题得到广泛关注。

3. 消除贫困

主要的国际筹资会议为联合国发展筹资问题国际会议和关于援助效率高层论坛（表2.3）。越来越多的国家政府及国际组织关注新国际环境下的援助框架和模式，以此构筑西方发达国家与新兴援助国之间"新的全面全球合作关系"，支持南北合作（发达国家-发展中国家）、南南合作（发展中国家-发展中国家）、三角合作（发展中国家-发展中国家-发达国家），以此实现消除全球贫困和社会发展不平等的目标。相关会议的核心议题"援助""投资""发展""合作"等在历届会议中被不断强调并得以延续，同时"可持续发展""包容性发展"等新议题得到重视，体现与时俱进的特征。

表 2.3　国际筹资会议情况

会议类型	时　间	地　点	政策文件名称	会　议　名　称
联合国发展筹资问题国际会议	2002 年	墨西哥蒙特雷	《蒙特雷共识》	联合国第一次发展筹资问题国际会议
	2008 年	卡塔尔多哈	《发展筹资问题多哈宣言》	联合国第二次发展筹资问题国际会议
	2015 年	埃塞俄比亚亚的斯亚贝巴	《亚的斯亚贝巴行动议程》	联合国第三次发展筹资问题国际会议
关于援助效率高层论坛	2003 年	意大利罗马	《关于援助协调性的罗马宣言》	第一届援助协调高层论坛
	2005 年	法国巴黎	《关于援助有效性的巴黎宣言》	第二届援助有效性高层论坛
	2008 年	加纳阿克拉	《阿克拉行动议程》	第三届援助有效性高层论坛
	2011 年	韩国釜山	《釜山合作宣言》	第四届援助有效性高层论坛

2.4　绿色发展评估实践[①]

对于城市与区域而言，认知与识别其绿色发展的现状水平、内部差异、影响因素、演化趋势等基本规律，是研究绿色发展策略的重要前提。如何开展城市与区域的绿色发展量化评估，成为当前研究的热点与难点。总体来看，既有研究与实践多从绿色发展的评估框架、评估内容、评估方法、影响因素等方面进行探讨。

---

① 陈思宇.长江经济带城市绿色发展评估与时空特征研究[D].武汉:华中科技大学,2020.

2.4.1 评估框架

构建科学、合理的评估框架是开展绿色发展现状评估的基础。目前主流的绿色发展评估框架包括绿色国民经济核算框架、绿色发展效率测度框架和绿色发展综合测度框架,后面两个框架应用更为广泛。

(1)绿色国民经济核算。该框架在传统国民经济核算的基础上,补充关于资源环境消耗和污染的指标,以此弥补既有研究中衡量经济绩效时忽略生态环境损害的缺陷。联合国统计司提出的环境经济账户(SEEA)为各国建立绿色国民经济核算框架提供了理论依据,成为目前影响最深、应用最广的绿色国民经济核算体系之一,美国、德国、加拿大等发达国家以及墨西哥、菲律宾、泰国等发展中国家均进行了相关实践。

(2)绿色发展效率测度。该框架强调经济发展过程中资源利用效率的提升。研究主要借助数据包络分析方法(DEA)和基于其改进后的非径向非角度的 SBM(Slacks-based Measure)模型测度投入产出效率。指标选取上,多将资本、劳动力、能源、技术作为生产环节投入,将GDP、社会零售总额作为期望产出,将污染排放等指标作为非期望产出,探讨"经济要素"与"环境要素"的关系。

(3)绿色发展综合测度。该框架往往涵盖资源、环境、社会、经济等多个维度,通过构建综合指标体系全面反映地区的绿色发展水平。相比单一维度评价,该框架更能全面反映绿色发展情况,并且便于地区之间的绿色发展比较,在现有研究中得到了广泛的应用。联合国环境规划署(UNEP)、经济合作与发展组织(OECD)、联合国亚洲及太平洋经济社会委员会(ESCAP)先后制定了绿色经济衡量框架、绿色增长战略框架、生态效率指标体系框架等衡量体系框架。国内关于绿色发展综合指标测度也不断涌现新的研究成果,诸多学者从环境治理投资、废弃物综合利用、绿色生产消费、绿色高端发展等维度选取多元评价指标,通过计算权重得到不同地区绿色发展的综合水平。

同时,部分研究机构也对绿色发展评估展开了探讨并发布了相关报告。较为经典的报告是北京师范大学经济与资源管理研究院等三家机构联合发布的《2016中国绿色发展指数报告》(北京师范大学经济与资源管理研究院等,

2017),力求针对地域特征构建具有地区差异的指标体系。2019年第八届中国绿色发展高层论坛发布了《2019中国城市绿色发展报告》,将所构建的绿色发展评价框架应用于全国600多个城市,全面回顾与分析了中国城市的绿色发展状况。绿色发展评估框架代表性成果见表2.4。

表2.4 绿色发展评估框架代表性成果

框架类型	作者或研究机构（年份）	评 估 内 容
绿色国民经济核算	国家环境保护总局（现生态环境部）等（2005年）	环境污染实物量、环境价值量、经环境污染调整的GDP
	联合国等（2012年）	经济体内部、经济与环境之间的物质与能源实物流量,环境资产存量及变化,与环境有关的经济活动和交易
	彭涛等（2010年）	资源耗减、环境质量降级、废弃物综合利用
绿色发展效率测度	王兵等（2014年）	期望产出、非期望产出、能源投入、劳动力投入、资本投入
	刘杨等（2019年）	期望产出、非期望产出、能源投入、劳动力投入、资本投入、技术投入
绿色发展综合测度	北京师范大学经济与资源管理研究院等（2017年）	经济增长绿化度、资源环境承载力、政府政策支持度
	国家发展和改革委员会等（2016年）	资源利用、环境治理、环境质量、生态保护、增长质量、绿色生活、公众满意度
	张欢等（2016年）	绿色美好家园、绿色生产消费、绿色高端发展

资料来源：相关文件。

2.4.2 评估内容

在城市与区域的绿色发展既有研究中,评估对象多集中于省域或重点城市层面,如北京、广州、武汉等,经济发展滞后、生态环境脆弱的西部省份以及国家沿边地区也逐渐得到更多关注,而城市群、都市圈等区域尺度的绿色发展水平研究相对较少。随着人们对绿色发展理念认知的不断深化,研究范围逐渐扩展至全球、国家、区域等各空间尺度。总体来看,城市与区域绿色发展评估可以分为水平评估与分布特征两个方面。

(1) 水平评估。首先是研究城市内部多要素的均衡性,如陈小卉等(2018)借助雷达网络判断江苏省各设区市和县(市)绿色发展分要素结构的合理性。其次是研究多个城市之间分要素水平和总体水平的差异性,杨志江等(2017)运用 σ 收敛、绝对 β 收敛和条件 β 收敛方法分析我国东、中、部地区城市绿色发展效率的趋同或发散状况。为了更加清楚地认识当前城市绿色发展的类型及特征,学者们依据城市绿色发展态势和内部差异总结提炼城市绿色发展类型,如付伟等(2017)根据城市生态保护与经济发展程度的不同,将城市绿色发展类型分为灰度绿色发展、浅度绿色发展和深度绿色发展三类;朱斌等(2016)依据城市绿色发展水平的排序变化及综合水平,基于动态发展的视角将城市绿色发展类型划分为绿色领先型、绿色追赶型和绿色衰退型。

(2) 分布特征。将评估结果在空间层面可视化,总结绿色发展水平的空间分布特征、空间演化趋势等。近年来,探索空间数据分析(ESDA)逐步在城市绿色发展空间格局分析中得到运用,以分析城市与区域绿色发展表现出的集聚性、相关性等各类分布特征。同时,部分研究开始关注绿色发展空间格局与其他地理要素空间分布的关联。

2.4.3 评估方法

随着学科交叉发展和数理模型的广泛运用,评估方法逐渐多元化,主要分为两类:绿色发展水平评估方法与绿色发展效率评估方法。

绿色发展水平评估方法包括主成分分析法、熵权法、灰色关联模型法、逼近理想解排序方法、投影寻踪模型法等。为了弥补不同方法的缺点,进一步演化出 TOPSIS-灰色关联分析法、SPA-TOPSIS 法、熵权 TOPSIS 综合指数模型法等组合方法,以更加准确地测度绿色发展水平。

在绿色发展效率评估方法中,目前最受青睐的是数据包络分析(DEA)方法,该方法中的基于松弛测度的方向距离函数(SBM-DDF)的 Luenberger 生产率指数模型、全要素非径向方向距离函数(TNDDF)、GML(Global Malmquist-Luenberger)指数模型均被广泛使用。在此基础上,多运用ArcGIS软件将评估结果进行空间可视化,多运用空间自相关Moran's I指数、空间杜宾模型等方法进行进一步的空间量化分析(比如时空格局分析、空间效应分析、空间分异性分析等)。

此外,绿色发展评估还涉及影响机制探讨、政策效应评估等内容,代表性方法有基于PSR模型的循环复相关系数法、障碍度模型法、双重差分法(DID)。

2.4.4 影响因素

近年来,城市与区域绿色发展研究开始深入剖析绿色发展的关键要素和驱动机制,诸多学者借助障碍度模型、Tobit回归模型、Bootstrap截断回归模型等方法,探讨城市与区域整体绿色发展的影响要素,以期为城市与区域发展策略的制定提供支撑。研究发现,产业结构、污染排放、资源消耗等要素在诸多城市绿色发展中发挥着较为重要的作用(郝汉舟等,2017;黄建欢等,2014)。在此基础上,部分学者对不同要素影响绿色发展的作用机理展开更为深入的分析,着重探讨绿色发展的可实施途径,在考虑城市绿色发展水平空间异质性的基础上引入地理探测器(The geographical detectors),探测变量之间的空间分布耦合关系与可能的因果关系,以此揭示绿色发展分布特征背后的驱动因素。此外,部分研究基于定性分析方法,探讨区域协调、节能减排等国家发展战略与政策对城市绿色发展与演化特征的作用机制。

第 3 章　绿色发展路径及实施重点

3.1　绿色发展路径的研究框架

目前,学术界关于绿色发展路径的研究已取得了较为丰富的成果。一方面,学者们基于对不同地区绿色发展水平的定量评估和影响因素的综合分析,提出针对性的转型策略,主要涵盖资源利用、环境保护、产业转型、社会建设等领域,涉及政府、企业、个人等主体。其中,资源利用领域涉及淡水、土地、能源等各类自然资源的合理利用(车亮亮等,2015;孙才志等,2017),学者们提出绿色发展的关键不仅仅是转变粗放的资源开发模式,更重要的是提高资源利用效率(黄建欢等,2015);环境保护领域涉及土地、湖泊、流域、大气等环境污染防治,其中如何通过减少汽车尾气排放、合理设置城市植被等措施提升空气质量是近年来国外学者的关注重点(Vasin 等,2016;Lyu 等,2017);产业转型领域以减少产业污染排放和保持经济平稳增长为目标,从行业间二氧化碳排放份额分配的角度为城市与区域的产业结构调整提供新思路,并且强调以科技创新为主要推动力,提出加强第三产业的科技创新水平,以此促进城市与区域的产业转型发展(李烨等,2016);社会建设领域更关注基础设施建设以及社会公平与包容,比如提升家庭可支配收入、增加教育支出、改善落后的建筑与自然环境、促进社区公众参与等(刘纪远等,2013;黄跃等,2017)。另一方面,部分研究基于制度与政策的角度,综合时间维度的纵向视角与多个地区相比较的横向视角,分析国内外绿色发展制度、相关政策的演变逻辑,从城市与区域绿色发展政策与制度的价值观、法制观、示范观等方面提出创新性建议与对策。

基于上述绿色发展路径既有研究,结合高质量发展的绿色理念与内涵,提出城市与区域高质量绿色发展路径研究框架(图 3.1)。

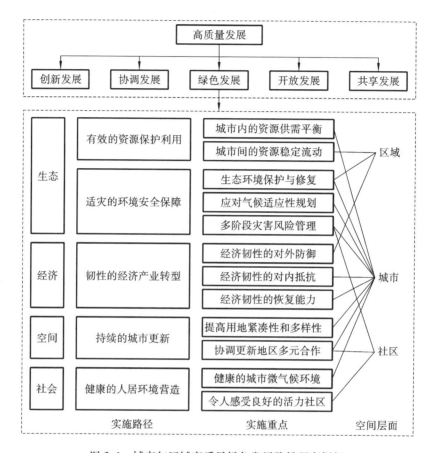

图 3.1　城市与区域高质量绿色发展路径研究框架

这一框架涵盖了城市与区域绿色发展的五大实施路径：①有效的资源保护利用；②适灾的环境安全保障；③韧性的经济产业转型；④持续的城市更新；⑤健康的人居环境营造。这些实施路径包含多个实施重点，并且对应相应的空间层面：区域、城市以及社区。不同实施路径及重点在相应的空间层面的重要性也有所差异：比如资源保护利用、环境安全保障与经济产业转型在城市与区域尺度的重要性更加明显，而城市更新、人居环境营造则在城市与社区尺度更应得到重视。

3.2 有效的资源保护利用

自十八大以来,生态文明建设提升至国家战略高度,在"优、节、保、建"四大战略任务中,"节"为全面促进资源节约,降低自然资源消耗强度,提高资源利用效率;"建"为生态文明制度建设,加强自然资源资产化管理。十九大报告指出"坚持节约资源和保护环境的基本国策""统筹山水林田湖草系统治理"。2018年,国务院机构改革,组建自然资源部,强化所有自然资源的空间规划和监管,从资源保护的角度对政府规划职能进行整合。这些政策文件及部委改革强调了自然资源的重要性,生态文明建设战略将引导城乡规划向"保护控制优先"转型。

城市与区域发展过程中涉及的自然资源主要包括耕地、林地、草地、河流、湖泊、能源、矿产等。在开展各类规划与建设活动时,要对水、土、能源、矿产等各类自然资源进行评估、开发、利用与再分配。其中的每个环节,比如资源开发总量是否在贮存量的合理范围内、资源获取途径是否稳定可靠、利用程度是否高效、是否过于依赖外部供给等,都直接关系到城市与区域资源的安全状态、保障水平与高质量发展的潜力。可见,人的经济社会活动须建立在不跨越资源安全上限与环境安全底线的基础上,有效的自然资源保护与管理利用是必经的绿色发展路径,是实现城市与区域高质量发展的关键前提。

3.2.1 相关实践

1. 资源价值评估

资源价值评估主要围绕生态系统服务功能价值评估展开,涉及供给、调节、文化和支持等功能价值,涵盖单个领域与综合领域的价值评估。评估方法主要为生态系统服务价值当量因子法,目前已应用于全球、国家和城市等不同尺度以及森林、河流、湿地、濒危物种等不同生态系统。此外,部分研究从经济学价值角度评估资源价值,涉及直接使用价值、间接使用价值、非使用价值等。评估方法包括实际市场法、替代市场法、假想市场法(表3.1)。实际市场法可直接通过市场交易价格进行计算,替代市场法主要用于无法通过商品形式进入市场的自然资源服务价值计算,假想市场法通过支付意愿和净支付意愿来评估。

表 3.1　既有的资源价值评估方法

类　　型	主　要　方　法	具　体　应　用
实际市场法	市场价值法	根据研究对象市场价格估算其经济价值
	机会成本法	用所牺牲的替代用途产品的价值来估算资源使用的成本
替代市场法	影子价格法	经济学家找到无法在市场上进行交易的自然资源提供的产品或服务的替代市场,运用替代市场技术,以市场上相同产品或服务的价格来估算其价值
	影子工程法	通过人造工程系统(如水库)建造的花费价格来评估某项难以计量的生态系统服务价值,如均化洪水、涵养水源价值
	旅行费用法	又称游憩费用法,运用消费者旅行支出费用来计算环境质量变化带来的效益上的变化
	防护费用法	根据防护措施所需费用来评估资源价值
	恢复费用法	将受到损害的资源环境恢复至先前未损害状况所需的费用
	享乐价格法	多应用于评估房地产市场上一些环境物品的内涵价格,将其价格进行分解,以显现各项特征的隐含价格
	成果参照法	参照类似自然资源价值的研究成果,估算自然资源的价值
假想市场法	条件价值法	通过直接调查消费者,了解其消费意愿,通常用于估算城市湖泊资源的非使用价值

资料来源:见参考文献(张颖,2017;鄂施璇等,2015;李荷等,2014)。

2. 资源保护规划

资源保护规划多研究耕地、湖泊、水系、湿地等自然资源的保护现状,探讨其长时态的演变过程、变化态势、影响机制以及存在的规划问题。根据现状分析结果,从保护规划的指导思想、规划原则、工程实施和规划管控等方面提出资源保护与利用策略,比如划分近、中、远期三个阶段并提出针对性的保护规划构想;从规划技术应用的角度,提出趋势预测、指标监测、系统预警、联合治理等资源保护规划措施;依据资源空间演化态势,提出相应的可持续利用与保护资源的对策,从而平衡资源保护与经济发展之间的关系等。

3.2.2 保护与开发关系

1. 空间开发边界与资源保护底线

城市与区域发展主要对自然资源的空间形态、空间结构、保护格局等方面产生影响与作用,既有研究围绕空间开发与资源保护的关系展开探讨,比如城市空间形态与河流水系的相互影响关系、建设用地与非建设用地的相互侵蚀关系、生态空间与城镇空间的保护开发关系。随着近几十年的快速城镇化以及由市场主导的大规模开发,各类生态资源被大量占有和破坏,亟须从规划层面加强资源保护。尤其是国土空间规划提出的对于生态保护红线与基本农田控制线的刚性管控要求,更加凸显平衡资源保护与空间开发的重要性。诸多研究提出生态空间评估体系构建、跨区联合发展模式组织、高质量发展策略选择等规划手段,以降低城市与区域发展对自然资源保护造成的负面影响,引导空间规划在资源保护方面发挥积极作用。

2. 土地利用布局与资源空间形态

城市的交通建设、企业迁移、产业调整等社会经济活动是影响城市土地利用布局的关键因素,它们在各种复杂要素作用下推动土地利用布局不断演变,进一步影响城市内山体、水系、湖泊等生态资源的空间形态。反之,对生态资源的管控与保护也会限制建设用地拓展与功能布局。因此,国土空间规划通过划定城镇开发边界、城镇集中建设区与弹性发展区,引导土地利用集约高效、有序开发,优化城镇空间格局,保护城市周边和城市内部重要的生态资源。

3. 建设用地经济性与资源利用效率

在保护各类资源的同时还须考虑其有效利用的途径，诸多学者将用地的经济效益纳入探讨范围，综合考虑用地的经济效益与生态价值，研究二者之间的相互影响关系。一方面，从土地经济性来看，自然山体、水系湖泊等资源的高品质保护与利用会提升周边建设用地的价值，比如上海市黄浦江沿岸地区重视滨水生态功能，采取生态修复、公共空间拓展、滨水岸线贯通、大型生态斑块布局、沿江沿河污染整治等规划措施塑造高品质环境，在提升黄浦江沿岸地区生态效益的同时也显著提高了周边居住区的住宅价格。另一方面，自然资源周边的建设用地粗放式、过度开发，会降低自然资源的本身价值，并进一步影响建设用地的土地效益。因此，须注重自然资源周边的建设用地开发模式生态化、多元化以及精细化，尽可能减少或避免人为活动对自然资源的破坏性影响。

3.2.3　路径实施重点

1. 城市内的资源供需平衡

为应对资源在生产与消费总量中的不匹配、人均占有量的有限性等供需矛盾，可在资源的评估、开发与利用环节进行严格把控。其中，在资源评估环节，保障城市与区域资源的有效供给，2016年我国多部委联合下发《资源环境承载能力监测预警技术方法（试行）》，提出监测和评价区域的资源承载情况。2019年在空间规划体系改革背景下提出资源环境承载能力评价方法等（樊杰等，2017），以诊断和预判城市的资源环境状态。在资源开发环节，遏制城市与区域发展突破资源约束上限的势头，比如《全国土地利用总体规划纲要（2006—2020年）》强调落实"18亿亩耕地红线"，2017年环境保护部、发展改革委共同组织编制的《生态保护红线划定指南》提出将具有特殊重要生态功能并强制性严格保护的区域纳入生态红线范围内。在资源利用环节，促进消耗方式从粗放型向集约型转变，《中华人民共和国国民经济和社会发展第十三个五年规划纲要》《水利改革发展"十三五"规划》《全国资源型城市可持续发展规划（2013—2020年）》等文件均在发展目标板块中提出关于节水、节能等的约束性指标,以此平衡城市的资源供给与需求,有效提升高质量绿色发展水平。

2. 城市间的资源稳定流动

为缓解资源在空间分布上的不均衡、对进口途径的依赖性等,可以在资源的再分配环节促进城市间的资源流动,比如跨区域尺度的"南水北调"工程、"西气东输"工程,跨城市尺度的山体空间格局保护、流域水资源调配等,推动资源整合、实现优势互补。同时,为确保获得持续、稳定的进口资源与合理的资源出口潜力,可以借鉴美国、日本、俄罗斯等国家的资源战略,通过长远规划,建立多渠道、多层次的资源安全保障体系(中国科学院可持续发展战略研究组,2012)。

3.3 适灾的环境安全保障

在全球气候变化的背景下,洪水、强降雨、干旱、风暴等极端天气事件的发生频率与影响强度显著提升;并且,气候变化效应与城镇化进程不断耦合,人口与产业的高度集中增加了潜在的自然灾害风险程度,加剧了城市与区域环境的脆弱性。在此严峻形势下,城市与区域的适灾管理及协调规划要有效适应各种扰动与破坏,提升空间规划在城市与区域发展中的有效引导作用,特别是随着国土空间规划改革与体系构建,国土空间安全成为维护与营造高品质国土格局的基础保障,各类自然灾害是影响国土空间安全的重要因素。

3.3.1 相关实践

1. 生态环境保护与修复

生态环境保护与修复以兼顾经济社会发展与生态环境保护为目标,一方面加强重要生态空间的保护,包括城市中的大型绿地与水体、城郊与乡村周边的完整山体与风景区等。比如2018年德国在《城市自然总体规划——联邦政府"活力之城"行动计划》草案中以全生命周期可持续理念,强调城市水体自然化、森林与绿地的网络化、城郊农田完整性、生物多样性等;2017年通过的《武汉东湖风景名胜区条例》,严格禁止武汉市东湖水域范围内的污水排放、经营性养殖等破坏性活动。另一方面,开启生态修复项目规划,比如哥斯达黎加自1996年通过不断完善生态补偿制度来修复国家森林;美国陆军工程兵团通过调整水坝、发电厂等基础设施的运行,来恢复河流下游的水质环境、植被生长、物种繁衍等。诸多生态修复项目在技术手段、社区参与、政府领导方面的应用逐渐成熟,成为环境安全与可持续发展的核心内容(Wheeler,2016)。

2. 应对气候适应性规划

国际上,应对气候变化的代表性组织为联合国政府间气候变化专门委员会(Intergovernmental Panel on Climate Change,IPCC),自成立以来,IPCC的气候变化评估报告直接推动《联合国气候变化框架公约》《京都议定书》等国际气候法律文件的制定,对推动国际应对气候变化做出了不可磨灭的贡献。IPCC强调应对气候的适应性规划,提出以正视全球气候变暖所引发的极端气象灾害为前提,通过气候适应规划与减少温室气体排放行动,保障城市与区域的高质量发展。具体包括以下三个方面。

(1)减缓气候变化。2008年英国的《气候变化法案》《规划政策说明-规划与气候变化-咨询响应分析报告》,以及美国规划协会的《规划与气候变化的政策指引》等文件从减少城市温室气体排放入手,在土地利用、交通规划、资源保护、管理政策等方面提出了规划应对策略。

(2)应对极端气候。2004年英国的《应对气候变化的规划——对更好实践的建议》提出借助环境评估、可持续评估等规划手段开展气候适应性规划评估,以海绵技术支持、岸线动态调整等措施应对洪水、风暴潮等自然灾害。

(3)适应地域气候。2009年美国政府联合多家研究机构共同发布的《全球气候变化对美国的影响》与2011年吉沃尼出版的《建筑设计和城市设计中的气候因素》,强调地域气候的差异性,提出城市与建筑的风热环境规划、绿色公共空间设计等发展策略。

我国为应对气候变化制定了诸多发展战略与政策,最为典型的是2013年发布的《国家适应气候变化战略》,在积极推进与联合国以及其他国际组织、国外研究机构合作的同时,为我国统筹协调各类规划提供指导建议。规划实践工作集中在节能减排、低碳技术研发等领域,包括在区域层面建立温室气体减排目标、构建规划实施与管理框架、开展适应气候变化立法工作,在城市层面提出土地与交通减排规划、沿海岸线建设适应性规划、绿色基础设施规划,在社区层面强调环保出行、家庭节能、生活方式转变等。

3. 多阶段灾害风险管理

灾害风险管理以减轻各类自然灾害风险为目标,倡导在预防、应对、恢复等阶段采取相应的管理措施,实现灾害全周期的风险识别与应对。在预防阶段,实施灾害风险的预判、评估与防范工作,建立灾害损失数据库,基于大量历史数据的变化规律来评估风险程度与相应的损失;在灾害发生的应对阶段,通过建设防范灾害的设施与工程,最大程度减少灾害可能带来的损失,维持环境的稳定与安全;在恢复阶段,除了常规的灾后重建,更为重要的是加强后续的监测与管控,以及灾害风险管理与规划,创造出具有适应性与韧性的、面向未来的环境空间。

3.3.2 适应性规划解读

1. 适应性内涵

适应性(adaptation)一词可理解为使适应、适合,一般指个体、组织或者系统应对环境变化的特征。适应性已成为多个学科及研究领域的专用术语,涉及生物学、生态学、气候变化、风险管理等学科或领域。由于研究目的、背景与应用存在差异,不同学科及领域对适应性的进一步理解不尽相同。

在此,主要解读气候变化领域的适应性概念。在联合国政府间气候变化专门委员会(IPCC)第五次评估报告的第二工作组报告《气候变化2014:影响、适应和脆弱性》(Climate Change 2014:Impacts, Adaptation, and Vulnerability)中,"适应"一词作为研究区域的气候风险管理与潜力开发的重要理念(IPCC,2014),主要用在脆弱性、敏感性和适应能力的语境中,被定义为系统、自然或者人类应对气候变化已有的或可能发生的影响所做出的一种调节。基于此,城市与区域的适应性概念可以被理解为:判断各类自然灾害的变化趋势,通过合理准备、缓冲、及时调整管理措施等来应对当前形势,同时为适应未来变化留出下一步规划的调整余地(吴宇彤等,2022)。

2. 规划驱动力

目前,应对气候变化、保障环境安全的适应性规划研究与探索有以下两方面驱动力。

(1)城市应对气候变化需求。气候变化与城镇化是密不可分的。城镇化引起的土地利用变化影响着大气温度、湿度、降水量等,造成各类自然灾害频发,并进一步反馈到城市自身发展中,造成严重、普遍和不可逆转的影响,使得未来的城镇化进程面临更大的脆弱性和风险性。因此,相关规划须不断更新,弹性应对气候变化的不确定性和突变可能性,适应性即在这一背景下应运而生。通过灵活多变的城市规划与管理,使城市更加适应气候变化可能带来的风险和灾害,推进城市与区域的高质量、可持续发展。

(2)环境的资源化利用需求。过去依靠固定设计标准的防御工程来应对灾害的管理方式逐渐被淘汰,如今更加重视资源与环境带来的利与害双重特征。2015年国务院办公厅印发的《关于推进海绵城市建设的指导意见》、2016年国家发展和改革委员会与住房和城乡建设部联合印发的《城市适应气候变化行动方案》等文件均强调将洪水等自然灾害视为具有重要价值的可开发资源,应加大城市对资源的利用效率。适应性规划注重在资源化利用过程中实现资源保护与利用之间的平衡,成为应对自然灾害的有效途径与重要手段。

3. 适应性规划

以往的防灾减灾规划是"预测—控制"型的绝对模式,以固定的规划控制策略为导向,忽视了自然灾害的动态变化与连锁反应;而适应性规划与管理正视自然灾害"不确定性高""破坏性大"的特征,要求城市的规划内容与管理措施具有较好的弹性,能够持续不断地调整与学习,促进规划与管理过程中的多元兼容,提高城市系统的自组织与协调能力。

(1)双重的适应评估。适应性规划体现了对灾害适应性与其自身适应性的双重特征。对灾害的适应性强调规划主体随着对自然灾害认识的深化而不断进行自我修正;自身的适应性是指主体适应自身内部的变化而进行的动态调整。前者重点是适应外来影响,后者重点是适应内部变化,二者相辅相成,推进应对灾害的适应性规划进程(吴宇彤等,2022)。

（2）模块化的自组织能力。适应性规划通过局部的、独立的管理模块来进行更小更快的内在调整和修复,使城市与区域系统在面临灾害时能够及时调动和补充,以多元的应对功能弱化自然灾害的负面影响,维持城市与区域现有功能不受较大影响,进而改善规划与管理的灵活性与适应性。

（3）持续性的学习调整。每次自然灾害带来的新的挑战可作为适应性规划的"催化剂",应不断学习如何应对新的情况,理解并进行必要的调整,进而提高规划与管理的应对效率。

3.3.3　路径实施重点

1. 社会化的资源管理

由于生态环境具有自然和社会的双重属性,对其进行规划和管理必然要涉及多学科领域。适灾的环境安全保障须综合利用立法、技术、教育等手段,建立系统的跨学科交叉管理体系。体系注重资源化规划与区域经济分析,构建公众参与防灾减灾的技术平台,形成多主体、网络化的应灾联动系统,提高社会对灾害应对重要性的认识,并加强对相关规划的监督。

2. 模块化的防灾组织

我国的环境安全与防灾减灾规划研究处于从初期进入中期的快速转型阶段,应开展综合的跨部门交互合作模式,避免传统的规划管理部门功能单一的问题。并且,建立地方级横向的规划行政体系,明确城市防灾规划各部门开展灾害风险管理、应急管理等相关责任,提高城市与地区高效应对突发自然灾害事件的适应性,提高灾后快速恢复秩序的能力。

3. 在地化的规划编制

针对国情和区域特点,因地制宜地在国家、省域和市域层面的国土空间总体规划编制中加强适应灾害、保障环境安全的相关内容。其中,国家层面注重流域层面的整体性,统筹布局大型生态保护单元与重大防灾工程设施,达到对资源环境合理利用与管理的目的;省域层面将灾害影响因素纳入国土空间总体规划中的资源环境承载能力评价与国土空间开发适宜性评价,强化国土空间安全底线;市域层面注重灾害风险防范与区域经济发展的结合,采取绿色空间适灾配置、项目选址避灾引导等规划手段(吴宇彤等,2022),合理调整各类生态环境资源的空间分布。

由于城市与区域的防灾问题有较强的地域性,在规划编制过程中可以采取技术导则试行的形式,尝试推行推荐性、地方性标准,根据实施成效再进一步制定强制性标准。

4. 信息化的灾害预警

为更好地适应各类自然灾害的复杂性和不确定性,要提高信息化技术在规划管理中的开发和应用,比如运用计算机技术模拟与预测气候变化带来的可能性灾害,运用雷达测雨技术进行自然灾害的持续监测,编制动态调整的灾害风险图来提高灾害预报精度,信息化评价灾害脆弱性空间分布来完善城市与区域土地规划等。此外,在受灾威胁地区建立完善的环境安全管理信息系统,采用多层次分析、动态规划等方法实现及时有效的灾害风险识别、预警预报、分区调度和规划管理。

3.4 韧性的经济产业转型

随着城镇化进程加快,城市间、城市内的经济发展差异愈发显著,产业结构同质化、经济效益低、城乡发展差异大等问题更加突出。因此,区域协调发展战略、长江经济带发展规划纲要等国家层面的战略与规划相继提出,强调以空间规划为抓手,深化区域经济产业合作,推动重点地区产业一体化发展,充分发挥各地区优势,着力优化区域发展格局,进而支撑城市与区域经济高质量发展。

在此背景下,"韧性"理念成为引导区域空间高质量发展的新兴热点以及国家和区域发展的重要议题。经济韧性被定义为城市与区域经济系统通过不断推进产业升级、技术创新与制度改革,以此应对各类冲击产生的影响、维持系统原有功能与结构,或把握冲击带来的机会进而突破既有瓶颈的能力。在城市与区域经济韧性发展的研究与实践中,如何选取合适的指标与方法评估经济发展现状,如何选择合适的途径使得经济体系更具韧性等成为研究重点,韧性的经济产业转型成为实现高质量发展的绿色路径之一。

3.4.1 相关实践

1. 经济韧性水平评估

经济韧性规划实践的首要重点在于城市与区域的经济韧性水平评估,包括综合指标体系评估与核心指标评估。

(1) 综合指标体系评估。该评估从经济韧性的稳定能力、恢复能力、适应能力、创新能力等维度选取合适指标,采取德尔菲法、熵值法等方法确定指标权重,运用集对分析法、数据包络分析法等方法评估经济韧性水平。2010年英国地方经济战略中心(Centre for Local Economic Strategies, CLES)提出的韧性评估模型是经济韧性指标体系的代表性应用案例,该模型将地方经济解构为商业经济、公共经济与社会经济三部分,选取地方经济形态、影响地方经济的部门关系、外部条件与地方经济的关系三个维度,评估每个部分的韧性水平以及各部分之间的相互作用韧性水平,如图3.2所示。经济韧性评估指标体系见表3.2,经济韧性为目标层,经济韧性的防御力、抵抗力与恢复力为准则层,经济稳定性、经济敏感性与经济应对性为检测层,反映地方经济抵抗外界干扰的能力、受到冲击前的敏感程度以及冲击结束后迅速恢复的能力。地

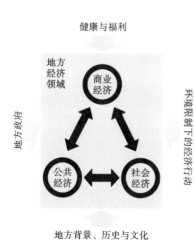

图 3.2 CLES 韧性评估模型

区生产总值、第三产业增加值、城乡人均收入比、财政收入增长率、城镇居民人均收入增长率等统计指标用于评估城市与区域经济韧性水平。

表 3.2　经济韧性评估指标体系

目标层	准则层	检测层	指标层
经济韧性	防御力	经济稳定性	地区生产总值
			第三产业增加值
			城乡人均收入比
	抵抗力	经济敏感性	第一产业增加值
			财政收入增长率
			城镇居民人均收入增长率
			外贸依存度
	恢复力	经济应对性	城镇化水平
			人均GDP
			人均固定资产投资

资料来源：见参考文献(王静,2015)。

(2) 核心指标评估。该评估选取具有代表性的单个指标来评估经济系统面临冲击时的变化过程，多采用地区生产总值、从业人数、失业率等数据表征韧性水平，以数据长时间序列变化中的关键转变作为冲击扰动发生的临界点，并以此划分经济系统韧性的演变阶段。在此基础上，借助计量经济模型、趋势外推法等进一步开展短期预测，预判经济系统的未来韧性水平。这一思路重点关注突发冲击的形式、长时间的历史变化、研究对象的独立性与特殊性等方面。运用核心指标开展经济韧性评估的经典案例有 2010 年 James Simmie 和 Ron Martin 开展的经济韧性研究，他们选取剑桥与斯旺西这两个经济发展历程截然不同的英国城市，通过 1980—2008 年从业总人数、制造业从业人数指数、服务业从业人数指数数据，比较分析两个城市在过去几十年间应对冲击时经济衰退与恢复的变化规律(图 3.3)，以及产业结构转型升级特征，探讨提高经济韧性水平的发展路径。

2. 地方经济恢复与发展

经济韧性的另一个规划实践重点是运用韧性理念促进地区经济恢复与发

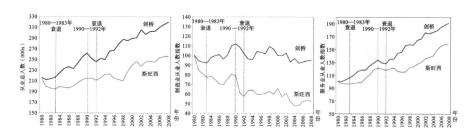

图 3.3 1980—2008 年英国剑桥与斯旺西应对冲击时的经济变化规律

[资料来源:见参考文献(Simmie 等,2010)]

展。研究对象主要涉及以下三类地区。

(1) 西部地区、集中连片特困地区等经济欠发达地区。立足地方经济发展的优势与特色,通过综合指标评估探讨制约地方经济水平提升的因素,改善不足与短板,为制定统筹协调、灵活科学的发展政策提供科学依据与指导建议。比如孙慧与原伟鹏(2020)研究中国西部地区的经济韧性与经济高质量发展关系,认为数字经济可以作为提升经济韧性、促进经济高质量发展的重要路径,提出发展新基建、构建"数字西部"格局等规划举措。

(2) 遭受过自然灾害、突发公共卫生事件等外部冲击的地区。一些研究通过量化方法分析地区灾后的经济发展状况与恢复过程,以此协助制定灾后经济恢复的调控政策与规划手段。比如周侃等(2019)以四川省汶川县地震重灾区为例,分析灾区在遭受强烈地震后的短期经济衰退情况与恢复效率,判断为经济恢复投入的资金、设施、人力等要素的规模,探讨应对灾害冲击的经济韧性提升对策。

(3) 陷入经济发展瓶颈与困境的地区。经济韧性为分析地方经济转型过程与阶段规律、实现地方经济恢复提供了一个新的思路。比如我国的东北地区,面临主导产业衰退、企业技术老化、国企改革缓慢、就业矛盾突出等经济发展问题,在 2012—2018 年间区域经济出现了断崖式的下降,经济总量呈下降趋势,与全国特别是发达地区的经济水平差距正不断扩大。关皓明等(2017)、李连刚等(2021)开展了诸多相关研究,将提升东北老工业基地应对外部冲击能力的思路纳入地方经济发展政策,通过提高市场化程度、加快产业转型升级、改善制度与政策环境等手段,着力提升东北地区经济系统对于外部冲击的适应能力。

3. 产业结构优化与转型

产业结构调整是城市与区域经济韧性水平提升的关键,诸多研究探索地方的产业结构升级转型路径,关注地方经济发展的产业多样化、产业相关多样化、多样化与专业化的协调关系、技术与效率创新等方面,涉及国家、区域、城市等尺度,为地方经济政策与规划的制定提供思路。

总体来看,产业多样化有利于经济韧性水平提升。深圳是因产业结构不断升级转型而达到高经济韧性水平的典型城市,改革开放初期,深圳凭借经济特区这一政策红利大力发展出口加工业,同时加快形成配套产业,积极营造创业氛围与面向多元企业的服务型政府,以此有效应对出口加工业衰落与两次金融危机的冲击。应在产业多样化的基础上把握机会进行转型,形成以互联网产业、金融业等高附加值产业为主导的经济结构(孙久文等,2017),探索更加高质量、可持续的韧性提升路径。

除此之外,部分研究认为还须注重产业间的相关多样化。当产业 A 受到外部冲击时,与之相关的产业 B 能够快速吸收产业 A 的人力、技术、资金等资源,形成应对冲击的生产力,这种产业间的相关多样化在一定程度上有助于城市与区域经济抵抗冲击扰动、加快冲击后的恢复速度、提升经济韧性。可见,经济韧性提升应当在保持一定的产业结构无关多样化的基础上,提升产业结构的相关多样化(胡树光,2019)。

产业多样化与产业专业化之间关系的平衡同样应得到重视,一味盲目地追求产业多样化,可能会适得其反、阻碍经济的正常发展。当经济发展受到冲击时,首先受到损害的是竞争优势较弱的小规模企业,如果一个地区缺乏龙头企业或主导产业、尚未形成产业规模效应与集聚效应,将难以应对冲击、顺利度过危机。王琛和郭一琼(2018)研究我国电子信息产业发展的空间韧性分异与影响因素,指出龙头企业对地方经济韧性提升具有显著正向影响。

3.4.2 韧性作用机制

1. 经济韧性特征

总体来看,经济韧性的基本特征表现为以下三个方面。

(1) 阶段性演化特征。经济系统是一种自组织和再组织的耦合系统,城市与区域经济发展面临短期或长期的外部冲击时,将根据外部环境变化进行调整,从应对冲击前的准备时期到应对冲击时的承受时期,再到冲击过后的恢复时期,呈现分阶段的演化与适应特征。整个演化过程受到技术创新、产业结构升级、政策制定、规划管理等多重因素的叠加作用(Pike 等,2010),促使城市与区域不断提升自身水平,以适应外部环境变化,实现可持续、高质量的经济产业发展。

(2) 产业多样化特征。城市与区域的经济韧性关键在于产业结构的多样化,产业结构越多元、经济韧性水平越高。这一方面是由于多类型企业空间集聚效应产生的经济活力更加持久、更有利于城市与区域经济增长;另一方面是因为多类型企业与产业集聚能够为城市与区域发展提供自我调节与自动稳定的机会,一定程度上可以分散与化解外部冲击带来的波动影响。此外,产业多样化能够预防因产业结构单一造成的发展路径锁定问题,为应对各类冲击提供多种可能的发展路径以供选择,这与生态学中物种多样性在稳定地区生态环境方面的作用较为相似。

(3) 复杂非线性特征。从复杂适应系统视角来看,城市与区域经济发展韧性是一个动态演化过程,经济发展系统的内部呈现出政治制度、社会文化、发展规划等影响因素之间的复杂反馈和协调配合关系。同时,经济发展系统和外部冲击之间存在持续的相互作用,并在宏观、中观层面相互影响,进一步作用于城市与区域的经济结构、城镇结构、政策环境等方面。

2. 经济韧性变化过程

James Simmie 和 Ron Martin(2010)研究经济应对冲击时的发展轨迹,总结出经济应对冲击时的四种韧性变化过程(图 3.4)。不同的韧性变化过程反映了城市与区域经济系统对外部冲击的敏感程度和发展稳定性。

(1) 经济韧性变化过程一[图 3.4(a)]:城市与区域经济发展遭受冲击,发展水平下降到一定程度后逐渐恢复,通过自我纠正与调整最终回归到之前的发展路径上,较好地维持原有的经济系统结构与稳定状态,经济系统韧性较高。

(2) 经济韧性变化过程二[图 3.4(b)]:城市与区域经济发展遭受冲击,发展水平下降到一定程度后逐渐恢复,虽然难以回到原来的发展路径,但依然保持原有的功能和结构,经济系统具备一定的韧性。

(3) 经济韧性变化过程三[图3.4(c)]:城市与区域经济发展遭受冲击后,发展水平下降、难以恢复到原先状态,并且经济系统的功能与结构受到损害,偏离原来的增长路径,整体发展速度放缓,经济系统韧性较低。

(4) 经济韧性变化过程四[图3.4(d)]:城市与区域经济发展遭受冲击后,虽然发展水平下降,但通过自身的良好适应性与恢复能力,将冲击转变为调整自身发展路径的契机,探寻到更优的发展路径,促使经济系统从原先的状态转型并进入新的状态,实现城市与区域经济系统功能与结构的升级,整体韧性水平较高。

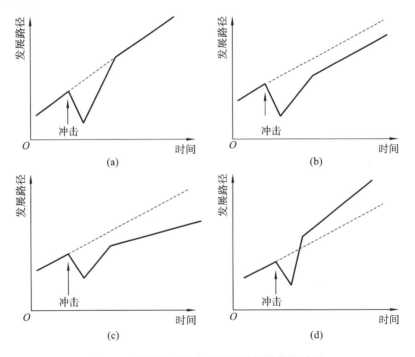

图 3.4　经济应对冲击时的四种韧性变化过程

[资料来源:见参考文献(Simmie 等,2010)]

3. 经济韧性阶段

根据经济韧性的过程变化特征,既有研究提出两类阶段划分形式:"三阶段"与"四阶段"。前者基于城市与区域受到外部冲击时的韧性变化过程,后者则基于适应性循环模型思路。

"三阶段"包括预防、承受与恢复阶段,各个阶段表现出不同的经济韧性特征。

(1) 预防阶段:城市与区域遭受外部冲击前经济稳定发展,不断出现新技术、新产业,不断发展产业竞争与合作,生产力与经济总量得到积累,形成良好的经济基础与合理的经济结构,为经济系统应对突发冲击做好准备与防御,属于经济发展的常态化阶段,城市与区域经济韧性逐渐提升并达到最高水平。

(2) 承受阶段:城市与区域面临经济危机、自然灾害等外部冲击,随着冲击变化而不断调整自身水平。韧性较高的地区拥有较高的承受能力,能够在应对冲击时尽可能保持一定的发展水平而不被击垮,而韧性较低的地区对外部冲击敏感性较高,更加脆弱,在应对冲击时容易出现结构衰退、增长乏力、企业倒闭等问题,严重制约地区的经济发展水平。在承受阶段发挥作用的影响因素包括总体经济水平、财政运营状况、自然灾害敏感性、对外贸易依赖程度、资源供给影响敏感性等(王静,2015)。

(3) 恢复阶段:城市与区域在遭受外部冲击之后逐步恢复到原先水平,甚至超越原先水平。韧性较高的地区的经济系统在冲击发生后能够快速响应,并对原有产业、技术、资源等进行重组与创新,以此加快恢复速度、提高恢复程度。在恢复阶段发挥作用的影响因素主要有技术创新、城镇化水平、固定资产投资比重、基础设施投资等,反映了城市与区域应对冲击的宏观经济基础以及进行技术变革、探索新发展路径的能力。

"四阶段"包括开发、维持、释放与重组阶段(图3.5),各阶段的发展潜力值、关联度与韧性水平具有差异。其中,潜力值指城市与区域经济发展积累的人力、资金、设施等资本要素,关联度反映企业之间、城市之间、正式与非正式商业之间的经济相互作用关系,韧性水平指城市与区域应对突发冲击时及时调整与适应的能力。

(1) 开发阶段:城市与区域的产业、技术、企业等要素不断发展与积累,处于初期发展阶段,经济系统的潜力值、关联度与韧性水平较低,但不断上升。

(2) 维持阶段:基于开发阶段积累的经济基础,城市与区域内部的各类经济要素的联系得到强化,经济系统的潜力值、关联度达到最高水平,但面临发展模式僵化、容易受冲击影响的风险,韧性水平下降。

(3) 释放阶段:当经济系统面临冲击时,经济系统功能与结构受到影响,整体经济发展水平下降,潜力值与关联度不断下降;但可把握冲击后的转型机会进行创造性生产活动,韧性水平不断上升。

(4) 重组阶段:在经历释放阶段后,经济系统进入资源与技术的创新重组阶段,不断探索产业升级、技术变革等新发展路径,潜力值与关联度整体较低,但韧性水平不断上升,将进入下一次循环中的开发阶段。

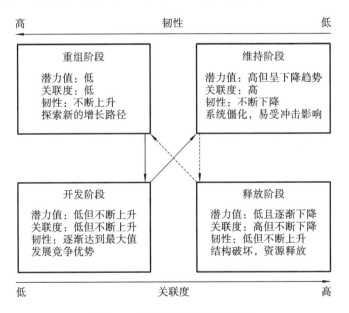

图 3.5　经济韧性的"四阶段"

[资料来源:见参考文献(李连刚等,2019)]

3.4.3 路径实施重点

1. 平衡对外开放需求

在城市与区域的经济发展过程中,对外开放水平、程度以及社会固定资产投资情况具有重要作用。要提高城市与区域对外开放的水平和质量,在扩大外需的同时要注意优化外贸依存度的增长方式;通过调整出口产品类型与数量,提高出口产品的档次,加快贸易产品结构的转型升级,促进经济的内需与外需平衡,进一步提高对外开放水平,实现外贸增长速度和外贸依存度从粗放型增长到集约型增长的转变,提高经济应对外界冲击的能力。

在此基础上,强化固定资产投资的导向作用,优化固定资产投资结构,既要保证第一产业在全社会总投资中的比重,又要改善第二产业的投资结构,调整第三产业的投资重点;与此同时,要完善投融资政策,鼓励向高新技术产业、战略性新兴产业、基础设施和现代服务业的投资。此外,限制对于高能耗、高污染行业的投资,减少无效投资和低效投资,降低经济敏感程度。

2. 优化内部产业结构

以产业结构的调整、优化与重组为手段,持续推动城市与区域经济的高质量发展,促进整体经济水平的提升与财政收入的稳步增长,在一定程度上降低区域敏感性。

对于第一产业,要将绿色、生态要素作为发展的核心,提出资源消耗量、环境污染程度、农产品附加值、生产方式是否集约等相关指标,以此考核地区的农业发展是否环保。并且,考虑不同地方的资源条件、地貌特征和生态基础差异,有针对性地、因地制宜地提出第一产业发展专项规划,促进农业生产的在地化及高质量,稳步推进乡村产业振兴的内源性转变。

循环清洁的工业是发展绿色经济的关键一环。在产业技术环节,研发节能材料,推动新能源产业、节能环保产业等成为未来的支柱产业,促使工业产业结构朝着节能减排的方向发展;在加工制造环节,综合考虑环境影响和资源效益,降低产品生产过程中对环境的影响;在产业链环节,重视循环、多级利用,以实现资源的循环使用与降低排放,提高资源利用效率,推动经济集约式发展和高质量增长。

在计算机、机器人和传感器等信息技术与新型科技的应用加持下,智能信息化已经成为发展现代服务业的必然趋势。借助"互联网+"的带动效应,一些新模式与新业态已然在金融、零售、医疗、教育等数据密集型行业崛起,有助于创造就业机会和扩大内需,是实现经济稳步与高质量增长的重要支撑。

3. 区域协同发展

要实现整体经济韧性的提升,须在区域层面缩小多个城市间的发展差异。在政策环境上,打破区域内部行政壁垒,实现区域资源的最大化共享。在设施服务上,提升基础设施和公共服务配套设施水平,继续完善城市群、都市圈等区域交通网络,加强综合交通体系建设,加快核心区一体化的进程。在开放程度上,加强城市的外向度,做大经济规模,制定统一的优惠政策,完善重大招商项目推进机制,各个城市对内"强强联合"、对外"开放包容",真正实现"一群城市同质化竞争"向"区域协同发展"的转变,从而提升区域经济整体的韧性水平。

3.5　持续的城市更新

随着城市内部可建设用地不断减少、人地矛盾日益加剧,如何挖掘城市发展新空间、提高土地利用效益、改善城乡环境,已成为亟须解决的难题。在此背景下,十九届五中全会将城市更新作为重要战略部署,加快推进集约、低碳更新方式成为推动城市建设方式转变的重要途径。一方面,挖掘空间利用潜力,促使土地开发模式由粗放型向集约型转变、土地市场由增量思维向存量思维转变,成为各大城市积极推广的一种可持续的空间再利用模式;另一方面,持续的城市更新在产业结构改善、社会基础设施建设、生态环境优化等相关方面均起到积极作用,为最终实现城市绿色发展提供良好的契机。

早期的城市更新在实施过程中多以拆除重建为主,造成土地资源浪费的同时破坏了原有的城市风貌和特色,并且出现资源的开发与保护矛盾、政府与当地居民的利益冲突等,产生了经济、社会、环境等方面的问题。随着时代进步与技术更迭,"城市双修"成为新时代高质量发展的主流规划方式,更加注重建设和保护并存、人与自然和谐相处、功能适应、文化传承、民生保障等方面，有助于推进持续的城市更新。

3.5.1 相关实践

1. 多元主体合作下的深圳盐田模式

深圳城市发展一直受制于有限的城市面积，为避免过度追求发展速度与规模的扩张老路，探索出一条不以空间扩张和资源消耗为核心的发展新路，深圳在早期规划中就开始关注城市更新，成为提出"增量规划"向"存量规划"转变策略的先驱者。2002年编制的《深圳2030城市发展策略》提出了"高速增长—高效增长—精明增长"的渐进式转型路径，为深圳探索存量空间发展规划开创先河；2009年颁布的《深圳市城市更新办法》为深圳的城市更新与空间治理提供了法律保障；2010年编制的《深圳市城市总体规划（2010—2020）》将"存量优化"作为规划重点，探索非空间扩张型发展模式；2012年深圳出台《深圳市城市更新办法实施细则》，为规范城市更新活动，建立长效机制奠定了基础。

深圳在推进城市更新过程中，遵循"政府引导，市场运作"的原则，兼顾各方的利益需求，已形成了政府、市场与社会多元主体共同参与的规划模式（阳建强等，2020）。以盐田区为例，其城市更新分为三个阶段：前期立项、中期协调推进、项目搬迁动工。各阶段的参与主体涵盖了政府部门、开发商、村民、租户、专家及律师，地方规划师基于各方利益与核心诉求，制定更新规划与设计方案。深圳盐田模式体现了多元主体参与的趋势，城市更新作为城市高质量绿色发展的重要举措，在城市发展过程中的必要性不断得到提升，多元主体合作下的深圳盐田模式可为各地开展城市更新工作提供借鉴。

2. 生态治理背景下的上海青浦模式

上海的城市更新更加关注城市空间的微更新与渐进式改造。2009年上海通过了新修订的《上海市拆除违法建筑若干规定》，并提出城中村成为"五违四必"的重点整治对象（"五违"：违法用地、违法建筑、违法经营、违法排污和违法居住。"四必"：安全隐患必须消除，违法无证建筑必须拆除，脏乱现象必须整治,违法经营必须取缔)。2015年上海颁布《上海市城市更新实施办法》,明确提出以区县为主体推进持续城市更新相关工作,同时绑定城市更新单元,以区域评估报告为依据,形成规划编制方案,统筹推进城市更新工作。

上海青浦区城中村作为城市更新案例具有一定的典型性。该地区基础设施落后、建筑密度高、土地利用率低,严重阻碍了地方经济发展与城市建设;并且,受限于落后的城市建设,青浦区得天独厚的水系生态资源优势未能得到发挥。针对上述问题,青浦区一方面聚焦生态环境治理与规划,围绕地区的重点水系进行用地整改,清退沿岸的零散企业与村庄,建设整体的环城水系网络与滨水开放公园,为居民提供良好、优质的公共活动空间;另一方面,加强执法力度,公安、水务、环保等部门成立环境资源审判庭,开展联合行动,促进生态环境整治的顺利进行;此外,执行刚性考评,对生态环境整治进度慢的部门采取督办方式,建立相关制度、条约,确保城市更新工作有效进行。

3. 市场运作推动下的北京劲松模式

2020年,国务院办公厅印发《关于全面推进城镇老旧小区改造工作的指导意见》,明确提出"推动社会力量参与""吸引各类专业机构等社会力量投资参与各类需改造设施的设计、改造、运营。支持规范各类企业以政府和社会资本合作模式参与改造"。为响应国务院号召,2021年北京出台《关于老旧小区更新改造工作的意见》,鼓励有能力的相关企业作为投资和实施主体参与到老旧小区改造项目中;同年出台《北京市人民政府关于实施城市更新行动的指导意见》,进一步明确转变城市开发建设方式。

在强化城市更新主体、推进多元化模式的过程中,北京朝阳区的劲松北社区成为老旧小区改造试点的典型代表。2018年劲松北社区通过引入市场资本,开展老旧小区的有机更新,实现"自我造血",形成"一街、两园、两核心、多节点"的结构,完成了包含公共空间、服务业态、社区文化等在内的30余项改造专项,完善了小区的公共服务设施,丰富了居民的业余生活,成为展现政府和社会共同推动力量的城市更新范本。

"劲松模式"的成功主要体现在以下两点:首先根据业主需求,由街道启动改造方案编制工作,结合了综合诉求之后,尝试将市场运作模式引入,由市场全面负责小区改造设计方案、规划、施工到物业管理的全流程工作;其次,在吸引了3000万社会资本的基础上,通过物业管养、居民付费、公房出租等实现资金回流,达到投资回报平衡。

3.5.2 存在的问题

1. 土地资源未能有效利用

在城市快速发展过程中,建设用地缺乏统一的规划管理,以新老城区交界地带、旧城区边角地带、城中村为代表的建设地区成为城市更新的重点对象,这些地区的用地性质高度混合,存在用地性质不清、建筑密度过高、市政与公共服务设施配套不足、居住环境与生活品质低等问题,不仅破坏了城市土地利用的整体性,而且进一步导致城市的土地利用率和产出率低下,造成了城市土地资源的严重浪费。比如深圳较为典型的城中村——怀德村,总面积为408.77万平方米,已建面积为270.63万平方米,现状用地结构中居住用地、工业用地和商业服务设施分别占19.2%、24.59%和10.09%,其他用地比重均较小,如绿地为2.53%,市政公用设施用地为3.37%(张宇等,2015),远远低于城市建设用地标准。因此,如何优化土地资源配置,强化其对城市发展的推动作用成为目前进行城市更新时须思考的重要问题。

2. 城市建设未能管理有序

城市待更新地区的地价相对于城区较为低廉,催生出活跃的不规范房地产二级市场,非正规住房成为城市中低收入阶层的主要住房类型,其建设杂乱无章、建筑质量普遍偏低,不但破坏了城市的整体空间格局,还存在极大的安全隐患。以北京前车胡同改造为例,前车胡同位于平安里大街以南,东西两端连接北京地铁4号线与19号线,胡同内老旧的四合院与新建的仿古建筑无序混合,严重影响历史城区建筑风貌。并且,由于缺乏合理规划及改造,胡同北部被直接拆除,导致胡同内部建筑与居民生活空间暴露,给居民生活造成较大困扰。除了建筑无序建设,待更新地区同时面临设施配置老化、不成系统,环境卫生管理薄弱等问题,亟待通过规划与管理手段稳步推进城市更新,规范城市建设,提升居民生活品质。

3. 利益多元博弈失衡

城市更新过程中,更新项目的管理主体与实施主体通常为地方政府,由政府委托相关机构开展与推进更新项目,企业、居民、非政府组织等多方利益主体参与其中,被委托机构或开发商往往注重自身利益最大化,因此城市居民的自身利益未能得到较好的保障。另外,城市更新过程中存在补偿与需求不平衡情况,既有的城市更新项目多以经济发展为核心进行论证,但这种方式忽略社会、文化、生态等因素,在推行过程中容易出现利益分配不均的现象,即使出台多种补偿政策与安置方式,但这些措施是否能够切实有效地应用与实施仍存在一定争议,相关研究与实践仍在积极探索更为科学、合理的利益分配方式。综上所述,如何统筹考虑城市更新中的多方利益主体和影响要素,是全面推动城市有序、持续更新的重中之重。

3.5.3 路径实施重点

1. 提高用地紧凑性和多样性

持续的城市更新须从内涵式、集约式需求出发,提高城市用地紧凑性与多样性,从而解决城市土地资源配置不均、用地浪费等问题。

首先,加强以市场为导向的城市更新,积极吸引投资、盘活土地、增加就业机会,鼓励政府、企业、社区形成合作关系,在满足各方利益的同时,有效提高城市土地利用效率;其次,以土地复合利用措施提升土地经济效益,侧重于商业、高科技、居住等多功能复合发展,结合周边生活、生产需求集中配置服务业,在节省建设用地的同时,推动更新地区的经济发展;再次,严格控制城市更新过程中的"大拆大建"行为,积极探索既有建筑更新,对历史建筑进行修复保护的同时进行活化利用,从而延续城市历史风貌;最后,强调以地方政府为管理主体,为推进城市更新提供相关政策支持,以政策手段监督建设过程是否合法合规,不仅能够改变原有城市建设的盲目扩张方式,还能为外来投资提供适宜的政策环境,有助于提升城市更新的可持续性与可操作性。

2. 协调更新地区多元合作

存量时代与增量时代最大的不同在于增量时代的参与主体更加多元,不同主体之间存在需求差异,为了同时满足政府、居民、市场等不同主体的核心诉求,要协调多方合作关系,以此保障更新项目顺利推行。

首先,从政策框架出发,构建多层次、多主体的协同目标,强调以人为本、土地利用高效等城市更新目标,使其成为推动城市更新的动力来源,进而提升政府行政服务水平、满足居民诉求、激发市场主体活力。其次,构建城市更新方法体系,涵盖从国土空间总体规划到详细规划、从城市设计到实施方案等多个规划环节,明确各规划环节的多元主体分工,从而在规划编制环节和项目实施过程中充分发挥各主体作用,实现更新项目的统筹推进。最后,形成多元合作的模式:政府应做好协调统筹的导向作用,发挥自身的行政职能优势,保障更新过程的利益分配公平;更新地区居民要从原有的被动角色转变为改造主体,积极参与到更新项目中,与市场主体形成制衡,在保障自身利益的同时推动生活环境品质的切实提升;市场主体应该作为更新改造过程中的坚实力量,在配合政府引导的同时积极与居民沟通,有效推进更新地区的资源配置优化。

3.6 健康的人居环境营造

根据《中国家庭健康大数据报告(2018)》统计,截至 2018 年,我国近 70% 的人口处于亚健康状态,慢性疾病导致的死亡人口占总死亡人口的 86%。随着人口不断向城市聚集,大部分人处于高密度、高压力的环境中,承受着"城市病"带来的各类生理影响及心理压力,因此,改善居民健康状况、创造人类生存福祉、营造绿色城市环境等主题已成为国际关注与研究的热点。

面对时代的机遇与挑战,2017 年十九大报告提出实施"健康中国"战略,明确表示"人民健康是民族昌盛和国家富强的重要标志"。

如何提升人居环境品质、营造健康公共空间成为未来城市发展的核心问题之一,健康的人居环境营造已成为实现高质量绿色发展的实施路径之一。

3.6.1 相关实践

1. 国际健康城市建设运动

20 世纪 80 年代,世界卫生组织在加拿大多伦多开展新世纪的健康城市运动,提出了建设"健康多伦多"的设想,该设想认为健康城市能够促进社会资源的扩张、增进与交互,充分保障人民的健康、生活与工作,进而塑造一个不断发展的自然和社会环境(丁国胜等,2020)。在该设想的引导下,1986年世界卫生组织继续开展健康城市工程,在欧洲形成"欧洲健康城市工程网络",1998年世界卫生组织在雅典召开健康城市国际会议,标志着健康城市建设正式成为国际化的运动。

随后的研究开始关注各类环境要素对不同活动模式下居民健康的影响机制,探讨环境要素对居民健康与行为的影响,比如社区的步行环境、绿色空间、设施布局等对老年人、儿童等人群的生理健康、邻里交往、心理健康等的影响。居民的身体活动与建筑环境的测量工具、评估方法开发与优化等技术方法研究得到广泛讨论(林雄斌等,2015;Kirtland等,2003;Pikora等,2002)。

2. 国内健康城市实践

2016年中共中央、国务院颁发了《"健康中国2030"规划纲要》,提出推进健康中国建设是全面建成小康社会、基本实现社会主义现代化的重要基础,明确指出健康城市和健康村镇建设是健康中国建设的抓手。此外,健康建筑和健康城市是"十三五""十四五"规划中推进健康中国建设的战略需要,是实现健康绿色发展的重要发展方向。在倡导健康城市建设的国家背景下,以公共健康为主题的规划理念受到广泛关注,该理念强调人居环境的生态、宜居、可持续,倡导建设儿童友好、老年友好的社区环境,全面扩展健康人居环境对各类人群的作用(田莉等,2018;鲁斐栋等,2015;马向明,2014)。

从既有研究中可以看出,改善城市建成环境是健康人居环境营造的关键切入点,城市环境不仅对居民的生理与心理健康产生直接影响,同时与社会健康存在多维度、多层次的联系(鲁斐栋等,2015),比如空气污染引发疾病、城市噪声污染引起生理压力等。此外,居民行为与城市环境的耦合研究是健康城市的重要研究方向,涉及居民行为和心理两个层面:前者包含居民的交通性活动和休闲性活动,交通性活动主要关注建成环境对居民步行、自行车出行的影响机理,休闲性活动则关注城市公共空间中居民身体活动强度和邻里交往的情况;后者研究建成环境对居民心理感受变化的影响机制。

3.6.2 建成环境要素

1. 土地开发与布局

土地利用规划对居民健康的影响表现在以下两个方面。

(1) 城市土地过度开发。我国的多数城市在过去几十年间空间规模不断扩张,致使居民不得不通过机动车进行长距离出行,随之产生的大量尾气对城市大气环境产生严重影响,增加城市居民暴露在污染空气中的可能性。并且,居民步行或非机动车出行等体力锻炼活动频率和强度降低,也会影响身体健康。另外,当选择无序蔓延、不断扩张边界的空间发展模式时,城市的下垫面将侵占周边自然生态环境,对城市内部通风及污染物扩散有着不利影响,而紧凑、高效的城市空间结构有助于城市空间的集约、紧凑,大面积公共开敞绿地更多地被保留下来,更有利于城市健康发展。

(2) 功能布局缺乏统筹。既有研究表明,城市的空间结构与用地布局影响着大气颗粒物的浓度及分布规律,PM2.5 和 PM10 在不同类型城市用地中的分布规律不相同(Ho 等,2015;王兰等,2016),为更好地营造健康的生活环境,城市用地布局应注意邻近居住用地的其他用地功能选择,比如避免将污水处理设施、重工业设施、大型交通枢纽等配置在居住区附近,以降低居住用地周边环境的污染扩散影响。另外,城市中公共绿地、开敞空间、体育休闲用地是否便捷可达,将直接影响到居民的日常娱乐和体力活动频率。居住区或社区内如果拥有高品质的慢行步行系统、可视可达的城市公园绿地、游憩空间与体育活动场地,能够刺激居民日常的户外锻炼活动,有利于提高居民身体素质,同时促进居民日常交流、提高居民生活幸福感。

2. 机动与慢行交通

城市的交通系统与土地规划互相关联,是城市建成环境的重要部分,对城市健康安全有着持续、多方面的影响。

(1) 机动交通。机动车尾气排放是造成空气污染的主要原因之一,尾气中的一氧化碳、氧化氮等容易对人体健康产生不良影响;同时,汽车数量的持续增加意味着发生道路交通事故的可能性不断增大,给城市公共健康带来的风险持续上升,这一情况在发展中国家尤为严重。

(2) 慢行交通。步行是日常生活中便捷的体力锻炼活动之一,在高密度、可达性强的街区内,步行可快速到达日常休闲、游憩场所。同时步行可提高居民日常锻炼的频率,增加交往的可能性,提高幸福感。推广城市慢行交通系统,鼓励步行、骑行等出行和通勤方式,不仅可提高居民身体素质,帮助预防肥胖、高血压等,更有利于减少汽车尾气污染排放和碳排放,改善城市微气候环境,提高城市人居环境水平。

3. 绿色开敞空间

各类研究明确指出,城市的绿色空间对控制空气污染、缓解精神压力、促进身心健康有着显著影响(谢波等,2021;王兰等,2021;周珂等,2021)。广义的绿色空间可以被理解为城市的各类开敞空间,包括公共绿地、公园、开放广场、社区休闲场地、社区公园、体育活动场地、游憩绿道等(姚亚男,2018),这些绿色空间可起到提升人居环境质量的积极作用。

城市绿色开敞空间的合理规模设置与空间布局有助于形成有效的生态廊道和通风廊道,从而吸收空气颗粒物,改善城市微气候。比如城市绿化隔离带对城市街谷的机动车尾气排放起着重要的隔离与净化作用,在PM2.5浓度较高的地区配置一定规模的公园绿地,对PM2.5浓度的削减作用显著;社区可通过混合配置多种类绿地植物,有效吸收粉尘、净化空气,甚至过滤空气毒素,改善局部空气质量,为居民营造健康的居住环境。

3.6.3 路径实施重点

1. 健康的城市微气候环境

健康的城市微气候环境是健康人居环境建设的基础。城市微气候环境改善方式主要如下。

(1) 合理规划功能布局。结合城市风环境布置大型工业区,避免大量废气及工业热量向城市扩散。尤其注意控制城市的用地增长边界,防止大规模土地开发对生态空间的蚕食。

(2) 鼓励土地混合开发。目前城市工业区多位于特大城市郊区或中心城区边缘,应促进多中心、组团式的城市均衡发展,鼓励"产城融合",实现短距离和短时间通勤,在满足居民生活需求的同时减少中长距离的机动车出行,降低城市交通污染和碳排放。

(3) 规划生态绿楔与廊道。规划生态绿楔与廊道,划定生态保护红线,以此提供生态屏障,在加强对城市建设用地外围的自然生态资源保护的同时,发挥城市周边自然生态要素的汇集、抑尘、降污作用,促进城市与生态空间的热交换,从而抑制城市热量和污染在城市边界层中的循环,为建设优质城市环境奠定基础。

2. 令人感受良好的活力社区

令人感受良好的活力社区营造主要从以下四个方面实施。

(1) 改善社区微气候环境。社区内相邻的公共交通走廊之间用绿地分隔,采取带状绿地和社区公园相结合的方式,在保障社区公共绿地、滨水空间公共性和开放性的同时,改善社区微气候环境,创造友好、开放、参与式的绿色社区生活环境,以此提升居民进行社会交往的频率。此外,尽量避免采取点状、分散的绿地布置形式(这类形式容易将空气中的污染颗粒物滞留在局部空间),规划时须尽可能减少居民在社区空间进行休闲活动时的污染暴露程度。

(2) 打造"15分钟社区生活圈"。通过完善公共交通设施建设、结合公交站点进行用地功能布局、适当提高公交站点附近土地开发强度等举措,来构建高效出行的社区生活圈。一方面提高社区内公共服务设施的可达性,实现餐饮、购物、休闲、娱乐的无缝衔接;另一方面鼓励居民选择步行与非机动车等低碳出行方式,在兼顾效率的同时有益于身心健康。

(3) 保障社区公共服务资源供给。除了交通、文化、教育等基础公共服务资源外,应格外重视社区医疗服务资源的配置,面对突发公共卫生事件时,社区的医疗设施会承担大部分的治疗需求和责任,健康人居环境建设要求扩展社区级别的医疗设施职能和水平,预留一定的弹性供给设施,推进医疗设施的精细化配置。

(4) 提高社区应急管理水平。在社区管理中应提升警觉意识,重视公共安全健康,扩大对灾害危机的认识,针对自然灾害、公共卫生、社会安全、事故灾难等不同类型的突发事件,建立合理的应急预案和手段,为营造健康安全社区提供有力保障。

识别篇
湖北省绿色发展评估与问题研判

第 4 章 湖北省绿色发展基础条件与评估思路

4.1 湖北省绿色发展基础条件

湖北省地处我国中部,长江横贯其东西,其西、北、东三面环山,向南敞开,中间低平,拥有山地、丘陵、岗地和平原等多种地貌形态。下辖 12 个地级市、1 个自治州、39 个市辖区、26 个县级市(其中 3 个直管市)、35 个县、2 个自治县、1 个林区,总面积为 18.59 万平方千米。

本节从资源保护与利用、环境与灾害防治、经济与产业发展、社会与设施建设、政策与规划五方面解读湖北省绿色发展基础条件,研判当前湖北省的绿色发展状况。

4.1.1 资源保护与利用

湖北省在国土空间、水资源、粮食安全、生物多样性、矿产资源等方面具备先天优势。

(1) 国土空间呈"五分林地三分田,一分城乡一分水"的格局。其中林地主要分布在山区和丘陵地区,合计占全省总面积的 50.1%;耕地主要分布在江汉平原、鄂北岗地和鄂东沿江平原;园地主要分布在长江三峡河谷地带、清江流域和鄂南幕阜山区。

(2) 淡水资源丰富、江湖水网密布。湖北省以"千湖之省"闻名,江、河、湖、库众多。其中,长江自西向东过境,汉江为长江最长支流,在湖北省境内由西北向东南流经 13 个县市。湖北省内水系水量大、支流众多,各级河流长 5 千米以上的有 4228 条,其中 100 千米以上的有 41 条,全省过境水量约为 6338

亿立方米。

（3）全国重要的农产品生产基地。湖北省素有"鱼米之乡"之称，经济作物中红麻、黄麻、茶叶、柑橘、中药材等在全国占重要地位，优质双低菜籽油产量位居全国第一。同时湖北省也是中国第四大蔬菜产区，蔬菜产品销往外省与国际市场，特色产品有魔芋、莼菜、蕨菜、薇菜等。

（4）矿产种类丰富、生态环境良好。湖北省地跨两大地质构造单元，具备优越的成矿地质条件，重点成矿区域包括鄂北、鄂西、鄂中南和鄂东南五片区，矿产资源储量居全国中游。属于亚热带季风地带，气候温和、雨热同期，森林植被呈现普遍性与多样化的特点，且迄今仍保存有不少古老、珍贵、稀有的植物。

当前湖北省在资源保护与利用方面的薄弱环节主要集中于如下几点：一是土地利用集约程度较低，耕地、林地等受城镇开发建设影响较为严重，面临国土空间开发与保护的突出矛盾；二是各类资源利用效率较低，湖北省统计年鉴数据显示，2019年湖北省单位工业增加值平均用水量比全国平均水平高出35.7%，能源消费弹性系数相比湖北省前三年平均水平增长了6%，远高于国内水平，可见，湖北省经济发展对能源消耗依赖程度较高；三是不可持续能源消耗大，煤炭的消耗占比最大，石油与天然气的消耗占比较小，呈现出"重煤、少油、乏气"的特征。

4.1.2　环境与灾害防治

湖北省由于生态环境脆弱、人口与产业密集、自然资源开发强度高，生态环境问题逐渐突出。

（1）水环境生态问题严峻。全省污水排放量大、排放系数偏大，污水设施处理能力不足，水质不断恶化。一方面，农业面源污染较为普遍，造成部分水体与湖泊富营养化甚至超重富营养化。另一方面，沿长江化工企业的工业污水未经处理大量排放，磷、重金属等污染物严重影响长江干流湖北段水质，部分支流常年水质级别为Ⅴ类和劣Ⅴ类。此外，矿产开采产生的矿坑排水与废水，造成地表水与地下水污染严重。

（2）各类工业废弃物污染。湖北省工业废气的排放量居高不下，支柱产业中的重工业生产伴随大量工业废弃物排放等,单位 GDP 的工业烟尘和粉尘排放强度均高于全国水平,大气中二氧化硫等污染物导致全省多数城市出现严重雾霾。

(3) 土壤污染造成隐患。省内大量废弃矿区没有及时进行生态修复,导致矿区周边土壤污染、水土流失、存在地质灾害隐患等。同时,由于农业现代化不足、保护意识不强,传统的耕作模式造成了土壤酸化、板结等,全省约 33% 的耕地存在不同程度的土壤污染。

(4) 自然灾害频发。湖北省的主要自然灾害有洪涝、干旱、滑坡、崩塌、地震等,其中洪涝和干旱发生频率高、灾害损失大。同时,长江岸线护坡建设不足进一步加剧了水土流失、滑坡灾害等对城市环境的破坏。

当前,湖北省在环境与灾害防治方面的薄弱环节主要集中于如下几点。一是生态本底较为脆弱,水土流失严重。尤其鄂西山区和大别山区的水土流失问题较为突出。二是重点城市的生态环境问题突出,情况复杂。武汉市人口聚集度高,城市空气质量较差,水资源污染和废气排放量大;宜昌市和十堰市等传统工业城市工业污染较严重;黄石市、荆门市等资源枯竭型城市的矿区与矿山污染问题较严重。三是各领域环境治理难度差异大,协调困难。对于城市黑臭水体整治、沿江工业污水排放、饮用水源地保护等问题解决较快,而农业面源污染问题则较难解决。四是固体废物与生活垃圾回收利用体系短板较明显等。

4.1.3 经济与产业发展

《2019 年湖北省国民经济与社会发展统计公报》显示,2019 年全省完成生产总值 45828.31 亿元,增长 7.5%。从增速上看,2019 年湖北省第一产业增长 3.2%,第二产业增长 8.0%,第三产业增长 7.8%。经济与产业发展总体呈现如下态势。

(1) 产业结构从"二产"为主转向"三产"为主。2010—2019 年,湖北省三次产业结构由 13.5∶48.6∶37.9 调整为 8.3∶41.7∶50.0,整体结构从"二-三-一"转为"三-二-一"。尽管第三产业以高于第二产业的速度保持持续增长,但湖北省传统工业城市居多,大部分城市第三产业发展起步慢。国内发达城市中,北京第三产业占比为 87.8%,广州第三产业占比为 73.7%,上海第三产业占比为 72.7%,因此,湖北省的第三产业仍有很大的发展空间。

(2) 高端产业水平处于发展起步阶段。湖北省农业现代化技术水平低、产品单一;工业发展主要为制造业的高质量发展,2019 年,湖北省首次进入全国所有省份制造业高质量前十榜单,居于第八,其中工业增加值在全国排名第七;第三产业仍以低层次的餐饮、零售等传统服务业为主,依靠科技发展的新兴技术产业仍在发展起步阶段,高层次服务业中除现代物流业外,信息、金融等产业发展速度较慢,与东部发达地区仍有较大差距。

(3) 主导产业以汽车、钢铁、光电子信息为主。湖北省作为我国重要的工业基地之一,重工业的产业总值占整个工业部门的 80%。工业产业以汽车、电力、钢铁、纺织、电子、化学及化学药品制造、烟草和食品加工业八个传统产业为主体。近年来重点发展光电子信息、生物工程、新医药、新材料等新兴产业。

当前湖北省经济与产业发展的薄弱环节主要集中在如下几点:一是产业结构失衡。湖北省的能源、化工、冶金、机械制造产业占比较大,重工业企业的密集分布不仅带来环境事件突发的高隐患,同时重工业企业由于高耗能、高耗水、高污染等特征,对长江流域环境质量产生持续性的负面影响(孔凡斌等,2018)。二是工业密集,污染减排难度大。湖北省的碳排放总量呈现整体波动上升的趋势,湖北省碳排放量基数大,工业减排力度不足,低碳化生产推广难度高。三是产业绿色转型的资金与技术压力大,大量重工业企业沿江分布,产业腾退和调整升级的时间较长、成本花费较高,传统产业的设备更新改造需要大量的技术、人才,以及政府的支持与引导。

4.1.4 社会与设施建设

得益于经济与城镇化的快速发展,湖北省的社会发展也进步显著。从《2019 年湖北省国民经济与社会发展统计公报》数据可以看出,湖北省已在社会保障、体育文化服务、基本医疗等方面实现飞跃。

(1) 城镇人口与城镇化率稳步提升。2019 年末全省常住人口 5927 万人,其中城镇 3615.47 万人,乡村 2311.53 万人,城镇化率达到 61%,2010—2019

年间城镇化率年均增速1%。

(2) 城乡居民生活水平差距呈缩小趋势。2019年,湖北省全体居民人均可支配收入26996元,增长9.2%。其中,城镇常住居民人均可支配收入37601元,农村常住居民人均可支配收入16391元,分别增长9.1%与9.4%。2019年城镇居民人均消费31018元,农村居民人均消费16296元,分别增长10.3%和24.5%。城乡居民收入与消费差距均呈缩小趋势。

(3) 体育文化服务水平得到提升。城市以低收费和免费的方式向社会大众提供公共体育服务,促进全民健身和竞技体育共同发展。大力推进市县级公共图书馆、文化馆、数字博物馆建设,全省博物馆建设力度全面增强,行业和民办博物馆等不断增加。

(4) 公共卫生服务设施投入加大。推进公立医院改革,实现村级标准化卫生室全覆盖,组建县域医疗共同体125个,县域就诊率稳定在90%左右。2019年末全省社会服务床位数26.6万张,基层医疗卫生机构共计33893个,每千人口卫生机构床位数6.86张,其中城镇与农村的每千人卫生机构床位数比为2.02∶1,相比2011年的2.4∶1,城乡医疗差距有所减小。

(5) 城乡社会保障覆盖面扩大。2019年末全省参加城镇职工基本养老保险1690.8万人,参加城乡居民基本养老保险2345.4万人,参加城乡居民基本医疗保险4469.4万人,分别增长5.2%、2.7%和-1.4%,基本实现城乡医保整合。

当前湖北省社会与设施建设的薄弱环节主要集中于如下几点。一是城乡统筹方面,整体城乡发展仍存在较大差异,巩固脱贫攻坚成果、风险防控任务繁重。二是社会民生方面,公共服务均等化水平较低,城乡一体化的公共服务设施有待完善,民生保障水平有待提高,安全稳定、防灾减灾领域仍然存在隐患。三是投资运作方面,政府公共财政投入压力大,社会资本参与不足,市场环境有待改善,政府与社会资本合作(PPP)模式推广力度有待加强,同时须建立绩效评价及监管机制、社会信用体系等[①]。

---

① 详见《湖北省人民政府办公厅关于全面放开养老服务市场提升养老服务质量的实施意见(鄂政办发〔2017〕44号)》《湖北省人民政府关于印发湖北省"十三五"推进基本公共服务均等化规划的通知(鄂政发〔2017〕61号)》。

4.1.5 政策与规划

可以看出,当前湖北省的绿色发展面临着各类挑战:如资源环境压力突出、城市经济增长粗放、产业同质化竞争显著、城市间合作机制尚不健全等,亟须补足湖北省各城市的绿色发展短板。通过归纳整理近几年出台的湖北省绿色发展相关政策和规划(图 4.1),可进一步认识湖北省绿色发展的诉求。

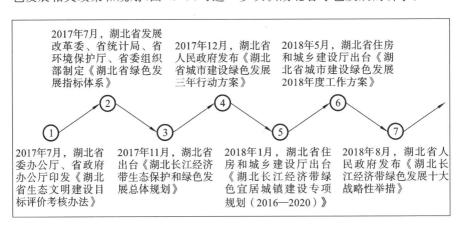

图 4.1 近几年湖北省绿色发展相关政策和规划

1. 政策文件

2017 年湖北省委办公厅、省政府办公厅印发《湖北省生态文明建设目标评价考核办法》,随后湖北省发展改革委、省统计局、省环境保护厅、省委组织部联合制定了《湖北省绿色发展指标体系》,作为湖北省生态文明建设与绿色发展评价考核的具体依据。该指标体系结合湖北省"十三五"规划纲要和相关部门规划目标,包括 7 个分类指数——资源利用指数、环境治理指数、环境质量指数、生态保护指数、增长质量指数、绿色生活指数、公众满意程度,共计 48 个指标。

同年,湖北省人民政府出台了《湖北省城市建设绿色发展三年行动方案》,提出通过三年努力,使全省城市在水环境、大气环境治理方面取得成效,在各城市新区建设与老城改造中广泛应用海绵城市建设技术,公共文化设施按标准配套并得到合理利用等绿色发展目标。为贯彻落实上述行动方案,2018 年

5月,湖北省住房和城乡建设厅出台《湖北省城市建设绿色发展2018年度工作方案》,作为落实政策的具体计划。

2. 规划实践

2017年,湖北省出台《湖北长江经济带生态保护和绿色发展总体规划》,提出将各类开发活动限制在环境资源承载能力之内,围绕水污染治理、水生态保护、水资源利用等方面助力长江大保护,为未来发展留足绿色空间。同年,湖北省住房和城乡建设厅出台了《湖北长江经济带绿色宜居城镇建设专项规划(2016—2020年)》,提出集中力量整治"城市病"、让市民生活更美好的绿色发展目标,倡导湖北省各城市建设走上集约、节约、生态发展的轨道。2018年8月,湖北省人民政府推出湖北长江经济带绿色发展十大战略性举措,提出加快发展绿色产业、构建综合立体绿色交通走廊、推进绿色宜居城镇建设、实施园区循环发展引领行动、开展绿色发展示范、探索"两山"理念实现路径、建设长江国际黄金旅游带核心区、大力发展绿色金融、支持绿色交易平台发展、倡导绿色生活方式和消费模式十大战略性举措,以期做好生态修复、环境保护、绿色发展。

4.2　湖北省绿色发展评估思路[①]

基于理论篇中对绿色发展的既有研究,结合本书第3章所构建的绿色发展路径研究框架,本节提出湖北省绿色发展现状评估框架,选取适用于湖北省的评估指标,并借助多种数理方法进行定量评估。

4.2.1　评估框架

城市与区域的绿色发展不仅应注重整体水平的提升,还要注重多领域、多要素的动态协调与有机统一。从本书第2章中可以看出,现有的绿色发展评估框架中,绿色发展综合测度主要体现了城市与区域绿色发展的现状水平。

---

① 陈思宇.长江经济带城市绿色发展评估与时空特征研究[D].武汉:华中科技大学,2020.

本节在此基础上,引入"协调水平",强调城市与区域绿色发展过程中环境、经济、社会等内部领域的相互作用与协调关系,从而构建"现状水平＋协调水平＋综合水平"的评估框架,并相应采用不同数理模型,进行定量评估。

绿色发展评估的四个重点领域为资源保护利用、生态环境防治、经济产业发展与社会环境建设。

(1) 资源保护利用。反映了城市与区域在资料生产、交换和消费中对自然资源可持续保护、开发与利用的水平,是绿色发展的物质基础。该领域对应理论篇中的"有效的资源保护利用"绿色发展路径。

(2) 生态环境防治。反映了地区环境改善的现状,是绿色发展的直观表现。该领域对应理论篇中的"适灾的环境安全保障"绿色发展路径。

(3) 经济产业发展。侧重对城市与区域的绿色经济与产业转型状态的衡量,是绿色发展的重要支撑。该领域对应理论篇中的"韧性的经济产业转型"绿色发展路径。

(4) 社会环境建设。关注居民的生活环境是否健康宜居,代表了绿色发展理念中以人为本的核心本质。该领域对应理论篇中的"持续的城市更新"与"健康的人居环境营造"绿色发展路径。

这四个领域相互作用、相互依赖和相互影响,当区域步入良性循环的绿色发展状态时,四者之间的效益通常能同时实现,形成有机整体。

4.2.2　指标体系

在构建"现状水平＋协调水平＋综合水平"的绿色发展评估框架,以及确定资源保护利用、生态环境防治、经济产业发展与社会环境建设四个重点领域的基础上,还要进一步筛选适用于湖北省的评估指标体系。

一方面以问题为导向,依据湖北省绿色发展的现状情况与突出问题,针对性地筛选指标,尽可能使指标体系符合当前发展的现实情况;另一方面以目标为导向,围绕资源、环境、经济和社会多领域绿色发展的目标体系增加指标选取的广度。

此外,指标的选择须具有代表性和可行性,优先选择相关报告及文献中使用频率与认可度最高的指标,同时充分考虑指标获取的难易程度,保证评估在时间与空间维度中的连贯性。为此,选取共 24 个指标构建湖北省绿色发展评估体系(表 4.1)。

表 4.1 湖北省绿色发展评估体系

绿色发展领域	内涵	指标	单位
资源保护利用	资源容量	人均水资源量	m^3
		建成区绿化覆盖率	%
		森林覆盖率	%
	资源消耗	人均生活用电量	千瓦时/人
		人均生活用水量	m^3
		单位 GDP 能源消耗量	万吨标准煤/万元
		单位 GDP 建设用地面积	千米^2/万元
生态环境防治	环境质量	空气质量优良率	%
		单位 GDP 工业废水排放量	吨/万元
		单位 GDP 二氧化硫排放量	吨/万元
		单位 GDP 化肥使用量	吨/亿元
	环境治理	城市污水处理厂集中处理率	%
		工业固体废弃物综合利用率	%
		生活垃圾无害化处理率	%
经济产业发展	产业升级	第三产业增加值占 GDP 比重	%
		万人专利申请量	件
	经济转型	人均 GDP	万元
		科技支出占财政支出比重	%
社会环境建设	社会稳定	城乡居民收入差距指数	—
		登记失业率	%
	宜居建设	千人拥有医生数	人
		百人公共图书馆藏书	册、件
		万人公共汽车客运量	万人次
		建成区排水管道密度	km/km^2

1. 资源保护利用

（1）资源容量。对于跨越长江、汉江流域的湖北省来说，江河湖泊等淡水资源是资源系统中重要的构成元素，水资源储备越多，沿江地区的生态系统越稳定。因此采用人均水资源量来评价湖北省水资源容量，反映城市地表水资源量和地下水资源量的总和。

各类植被资源也是湖北省的重要资源，自然植被不仅能提供人类所需的生产资料，如木材、粮食、蔬菜等，还可有效缓解当前城市与区域发展中面临的生态系统功能退化、空气质量下降和自然灾害频发等现实困境，如城市绿化面积的增加对于抑制粉尘、有害气体扩散以及增大城市天然蓄水体容量具有重要的积极意义。对此，选取城市建成区绿化覆盖率和森林覆盖率指标，反映当前湖北省生态系统中的植被资源量。

（2）资源消耗。为促进城市与区域绿色发展，还要对湖北省的资源利用与消耗模式进行全面评估，通过对有限资源的节约和高效利用来缓解城市资源紧缺问题，为此，选取人均生活用电量、人均生活用水量、单位GDP能源消耗量和单位GDP建设用地面积4个指标，反映城市与区域发展过程中实际消耗的资源总量。

2. 生态环境防治

（1）环境质量。为直观反映湖北省空气质量水平，选取空气质量优良率作为评估指标，空气质量优良率越高，城市环境系统也越稳定。考虑水污染与土壤污染与工业生产中"三废"排放以及农业生产中化肥过量使用等密切相关，选取单位GDP工业废水排放量、单位GDP二氧化硫排放量、单位GDP化肥使用量指标来间接评估水、土地等资源环境的质量水平。

（2）环境治理。用于反映在政府、企业等多主体参与背景下城市对生产和生活废弃物的处理能力。水环境的改善是湖北省环境治理的首要任务，选取城市污水处理厂集中处理率作为评估指标，反映城市对水污染的治理水平。

工业生产和居民生活中产生的大量废弃物也要得到重视，废弃物的无害化处理和高效再利用不仅能有效避免污染物排放对环境的破坏，还能减轻资源压力。选取工业固体废弃物综合利用率、生活垃圾无公害处理率指标，反映城市对生产和生活污染物的治理水平。

3. 经济产业发展

（1）产业升级。产业结构由"二产"主导向"三产"主导的转换不仅可以推动"结构红利"潜力释放，还能显著提升地区生态环境，促进经济绿色发展。因此，选择第三产业增加值占 GDP 比重指标来反映湖北省产业结构情况。此外，科技水平的发展与资源利用高效化、污染排放减量化以及居民生活便捷化等密切相关，因此选取万人专利申请量指标作为评估湖北省实现产业升级的表征。

（2）经济转型。高质量绿色发展更加重视城市与区域整体的经济竞争力提升情况，经济水平的提升有利于各项公共服务投入，从而促进社会整体发展，选择人均 GDP 代表地区经济发展水平。科技支出占比越多，投入到科技创新、产业研发的资金越多，越能够有效提升城市投资吸引力，加速城市与区域的经济转型，因此，选择科技支出占财政支出比重指标反映当地政府对技术创新的支持程度。

4. 社会环境建设

（1）社会稳定。高质量绿色发展更加重视居民能享受到经济发展的效益，因此选取城乡居民收入差距指数和登记失业率指标，反映社会冲突与社会环境的不稳定性。

（2）宜居建设。为促进资源、环境和经济系统的良性发展，综合考虑均等的公共设施服务、便利的出行条件、高水平的素质教育、有效的防灾抗灾等，选择千人拥有医生数、百人公共图书馆藏书、万人公共汽车客运总量、建成区排水管道密度指标来反映城市与区域的基础设施建设水平与居民的生活环境品质，以评估建成环境品质。

4.2.3 评估方法

为保证不同对象和历年数据之间的可比性，以《中国城市统计年鉴》《中国城市建设统计年鉴》《中国区域经济统计年鉴》为主要数据来源，万人专利申请量、森林覆盖率和空气质量优良率数据主要来源于各市州国民经济和社会发展统计公报、《中国环境统计年鉴》和各省环境质量状况公报，人均水资源量数据来源于各省水资源公报,部分数据依照各省、市州统计年鉴补齐。数据年份跨度为 2008—2017 年,针对缺失数据,根据数据分布特征,采取均值法和线性插值法补全。

1. 绿色发展现状水平

熵值法可以利用指标本身信息,客观地确定指标权重,因此被广泛运用于多指标评价中。绿色发展现状水平评估采用熵值法确定指标权重,再利用线性加权法来计算各绿色发展领域的现状水平,其总和即为城市绿色发展现状水平。具体步骤如下。

(1) 构建标准化数据矩阵。根据 m 个评价对象、n 项指标构建城市绿色发展现状评估的初始数据矩阵:

$$X = (x_{ij})_{m \times n} \tag{4.1}$$

式中 x_{ij} 是第 i 个评价对象第 j 项指标值($i=1,2,\cdots,m;j=1,2,\cdots,n$)。

对初始数据矩阵进行标准化处理,公式如下:

正向指标: $\quad x'_{ij} = (x_{ij} - \min x_j)/(\max x_j - \min x_j) \tag{4.2}$

负向指标: $\quad x'_{ij} = (\max x_j - x_{ij})/(\max x_j - \min x_j) \tag{4.3}$

式中 x'_{ij} 为 x_{ij} 标准化后的值,$\min x_j$、$\max x_j$ 分别表示所有样本中第 j 项指标的最小值和最大值。

(2) 利用熵值法确定指标权重。计算指标所占比重 p_{ij}:

$$p_{ij} = y_{ij} / \sum_{i=1}^{m} y_{ij} \tag{4.4}$$

$$y_{ij} = x'_{ij} + a \tag{4.5}$$

式中 y_{ij} 为对 x'_{ij} 进行数据平移后的值。

由于后续计算信息熵值时会对比重 p_{ij} 取对数,但标准化处理后的数据无法直接取对数,须进行数据平移,a 为平移幅度,a 的数值应大于 $\min\{x'_{ij}\}$ 且越接近 $\max\{x'_{ij}\}$ 越大,结合此次研究中的数据情况和已有研究,将 a 取值为 0.01。

计算指标信息熵值 e_j:

$$e_j = -k \sum_{i=1}^{m} p_{ij} \ln p_{ij} \tag{4.6}$$

$$k = 1/\ln m \tag{4.7}$$

再计算各指标的权重 w_j：

$$w_j = (1-e_j)/\sum_{j=1}^{n}(1-e_j) \tag{4.8}$$

(3) 采用线性加权法计算各绿色发展领域的现状水平：

$$U_s = \sum_{j=1}^{k} w_{sj} u_{sj} \tag{4.9}$$

式中 U_s 为 s 系统的评价值，u_{sj} 代表 s 系统的第 j 项指标的标准化数值，w_{sj} 为 s 系统指标权重。

按照以上步骤可分别计算出城市资源保护利用、生态环境防治、经济产业发展和社会环境建设四个领域的绿色发展现状水平 U_1、U_2、U_3 和 U_4。

(4) 将各绿色发展领域的现状水平进行等权加总，即可得到城市的绿色发展现状水平 G：

$$G = 1/4(U_1 + U_2 + U_3 + U_4) \tag{4.10}$$

G 越大，代表城市绿色发展现状水平越高，反之则越低。

2. 绿色发展协调水平

运用物理学中耦合概念反映城市绿色发展协调水平。耦合度计算结果可以反映资源保护利用、生态环境防治、经济产业发展和社会环境建设各领域相互作用、相互影响的协调程度。在实际运用中，不同学者采用的具体公式略有不同，本节的四系统耦合度计算采用姜磊等(2017)所提出的研究方法，公式如下：

$$C = \left[\frac{U_1 \times U_2 \times U_3 \times U_4}{\left(\dfrac{U_1 + U_2 + U_3 + U_4}{4}\right)^4}\right]^{\frac{1}{4}} \tag{4.11}$$

式中 U_1、U_2、U_3 和 U_4 分别为城市资源保护利用、生态环境防治、经济产业发展和社会环境建设的现状水平；C 代表城市的绿色发展协调水平，其值越大，各绿色发展领域间的协调水平越高。

由于该公式相比于其他耦合度计算公式具有计算简便、计算结果区分度更大的优点，在多系统协调发展的研究中得到了较为广泛的应用。

3. 绿色发展综合水平

耦合度计算能测度城市绿色发展领域的协调程度，但可能出现四个领域现状水平均低的城市与四个领域现状水平均高的城市，协调水平相近但总体现状水平相差较大的情况。因此,本书借鉴耦合协调度模型,既考虑城市绿色发展的现状水平,又关注领域间的协调水平,计算城市绿色发展综合水平 D:

$$D = \sqrt{C \times G} \tag{4.12}$$

式中,C 为公式(4.11)求得的城市绿色发展协调水平,G 为公式(4.10)求得的城市绿色发展现状水平。

D 越大,代表评估对象的绿色发展综合水平越好。

4. 绿色发展限制要素

基于 2017 年湖北省 17 个城市绿色发展评估值与全省均值,采用田俊峰等(2019)所提出的区域土地利用效益限制要素分析方法,将小于均值的绿色发展领域判定为城市发展短板。

在此基础上,运用障碍度模型厘清发展滞后系统内部的限制要素。通过计算因子贡献度、指标偏离度和障碍度 3 个指标进行诊断,其中因子贡献度代表单项要素对总体的影响程度,即权重 w_j;指标偏离度为各城市单项要素的指标值与总体绿色发展目标的差距,设为指标标准化数值 x'_{ij} 与 100% 之差;障碍度则是各城市单项要素对子系统发展水平的影响值,该指标为判断限制要素的依据。计算公式如下:

$$M_{ij} = \frac{w_j \times (1 - x'_{ij})}{\sum_{j=1}^{n} w_j \times (1 - x'_{ij})} \times 100\% \tag{4.13}$$

式中 M_{ij} 代表 i 城市 j 指标的障碍度,其值越大,意味着该指标对该城市提升相应领域绿色发展水平的阻碍作用越大。

第 5 章　长江经济带背景下的湖北省绿色发展评估

5.1　绿色发展水平评估

本节以长江经济带范围内 9 个省、2 个直辖市，共 126 个城市为评估对象，运用第 4 章的评估方法计算各城市 2008—2017 年的绿色发展现状水平、协调水平与综合水平。在此基础上，运用自然间断点分类法对各城市与省域的绿色发展评估结果进行层级划分：高水平、较高水平、中等水平、较低水平和低水平层级。最后，选择变异系数来分析各省份城市绿色发展水平差异。

5.1.1　协调水平较高，综合水平存在差距

2008—2017 年长江经济带绿色发展水平评估结果见表 5.1。评估结果显示，与长江经济带其他省份、直辖市相比，湖北省绿色发展水平基本处于全经济带第二梯度，优于上游地区各省份，但与下游地区发达省份存在一定差距。

具体来看，湖北省绿色发展的协调水平位居长江经济带第 4，绿色发展现状水平和综合水平分别位居长江经济带的第 8 和第 6，属于高协调水平、较高现状水平和较高综合水平层级。相比多数省份来说，具备一定的绿色发展条件。与排名靠前的省份存在的差距主要体现在：综合水平与首位浙江的差距为 13%，现状水平与首位上海的差距达到了 25.7%。

表 5.1 2008—2017 年长江经济带绿色发展水平评估结果

省份	城市	现状水平				协调水平				综合水平			
		2008年	2011年	2014年	2017年	2008年	2011年	2014年	2017年	2008年	2011年	2014年	2017年
重庆	重庆	0.35	0.41	0.44	0.49	0.94	0.92	0.97	0.97	0.58	0.62	0.66	0.69
四川	成都	0.48	0.58	0.59	0.61	0.94	0.93	0.97	0.96	0.67	0.73	0.76	0.76
	自贡	0.34	0.41	0.38	0.37	0.87	0.79	0.94	0.91	0.55	0.57	0.60	0.58
	攀枝花	0.40	0.43	0.49	0.56	0.87	0.94	0.97	0.97	0.59	0.64	0.69	0.74
	泸州	0.30	0.38	0.41	0.44	0.82	0.79	0.86	0.87	0.50	0.54	0.59	0.62
	德阳	0.37	0.41	0.44	0.39	0.83	0.86	0.93	0.97	0.55	0.59	0.64	0.62
	绵阳	0.34	0.46	0.50	0.52	0.84	0.87	0.96	0.95	0.54	0.64	0.69	0.70
	广元	0.34	0.43	0.48	0.49	0.84	0.76	0.81	0.79	0.53	0.57	0.62	0.62
	遂宁	0.36	0.40	0.43	0.42	0.70	0.70	0.79	0.81	0.50	0.53	0.58	0.58
	内江	0.33	0.36	0.36	0.39	0.75	0.74	0.81	0.85	0.50	0.52	0.54	0.57
	乐山	0.37	0.39	0.46	0.44	0.79	0.83	0.83	0.90	0.54	0.57	0.62	0.63
	南充	0.38	0.40	0.37	0.37	0.70	0.71	0.79	0.83	0.51	0.53	0.54	0.56
	眉山	0.35	0.38	0.43	0.42	0.78	0.74	0.81	0.87	0.52	0.53	0.59	0.60
	宜宾	0.32	0.37	0.36	0.39	0.82	0.84	0.90	0.89	0.51	0.56	0.57	0.59
	广安	0.33	0.40	0.36	0.42	0.81	0.74	0.85	0.81	0.52	0.54	0.55	0.58
	达州	0.34	0.40	0.40	0.41	0.76	0.75	0.76	0.78	0.51	0.55	0.55	0.56
	雅安	0.42	0.48	0.55	0.53	0.77	0.84	0.81	0.88	0.57	0.63	0.67	0.68
	巴中	0.32	0.45	0.46	0.44	0.78	0.67	0.71	0.70	0.50	0.55	0.57	0.56
	资阳	0.38	0.42	0.45	0.41	0.75	0.74	0.79	0.83	0.53	0.56	0.60	0.58
	阿坝州	0.44	0.45	0.48	0.47	0.76	0.74	0.78	0.78	0.58	0.58	0.61	0.61
	甘孜州	0.45	0.43	0.41	0.45	0.74	0.72	0.75	0.70	0.58	0.56	0.56	0.56
	凉山州	0.51	0.49	0.54	0.52	0.70	0.71	0.74	0.74	0.60	0.59	0.64	0.62

续表

省份	城市	现状水平				协调水平				综合水平			
		2008年	2011年	2014年	2017年	2008年	2011年	2014年	2017年	2008年	2011年	2014年	2017年
贵州	贵阳	0.40	0.45	0.54	0.60	0.96	0.96	0.99	0.96	0.62	0.65	0.73	0.76
	六盘水	0.29	0.31	0.41	0.44	0.87	0.84	0.90	0.94	0.50	0.51	0.61	0.64
	遵义	0.28	0.40	0.46	0.47	0.87	0.86	0.91	0.92	0.49	0.59	0.64	0.65
	安顺	0.35	0.39	0.47	0.47	0.86	0.84	0.88	0.87	0.55	0.57	0.64	0.64
	毕节	0.34	0.29	0.36	0.42	0.80	0.78	0.81	0.85	0.52	0.48	0.54	0.60
	铜仁	0.38	0.36	0.46	0.50	0.77	0.80	0.81	0.87	0.54	0.53	0.61	0.66
	黔西州	0.43	0.43	0.58	0.55	0.75	0.77	0.93	0.91	0.57	0.58	0.73	0.71
	黔东州	0.47	0.46	0.60	0.54	0.75	0.75	0.92	0.87	0.59	0.59	0.74	0.69
	黔南州	0.49	0.48	0.62	0.58	0.75	0.77	0.93	0.90	0.60	0.61	0.76	0.72
云南	昆明	0.39	0.42	0.53	0.60	0.95	0.96	0.96	0.98	0.61	0.64	0.71	0.76
	曲靖	0.34	0.33	0.41	0.43	0.80	0.82	0.82	0.85	0.52	0.52	0.58	0.60
	玉溪	0.41	0.44	0.43	0.51	0.83	0.87	0.93	0.95	0.58	0.62	0.63	0.70
	保山	0.41	0.40	0.44	0.51	0.76	0.75	0.77	0.75	0.56	0.55	0.58	0.61
	昭通	0.34	0.32	0.35	0.38	0.76	0.78	0.72	0.71	0.51	0.50	0.50	0.52
	丽江	0.43	0.45	0.48	0.48	0.83	0.84	0.80	0.83	0.59	0.61	0.62	0.63
	普洱	0.42	0.45	0.49	0.51	0.73	0.76	0.77	0.76	0.55	0.58	0.61	0.62
	临沧	0.44	0.38	0.42	0.51	0.68	0.70	0.72	0.70	0.55	0.52	0.55	0.60
	楚雄州	0.43	0.42	0.44	0.49	0.80	0.83	0.84	0.78	0.59	0.59	0.61	0.62
	红河州	0.41	0.43	0.46	0.52	0.78	0.81	0.80	0.78	0.57	0.59	0.61	0.64
	文山州	0.39	0.42	0.52	0.50	0.81	0.81	0.83	0.76	0.56	0.58	0.66	0.62

续表

省份	城市	现状水平				协调水平				综合水平			
		2008年	2011年	2014年	2017年	2008年	2011年	2014年	2017年	2008年	2011年	2014年	2017年
云南	西双版纳州	0.47	0.53	0.57	0.58	0.80	0.83	0.83	0.79	0.61	0.66	0.69	0.68
	大理州	0.41	0.43	0.48	0.49	0.81	0.83	0.85	0.81	0.58	0.60	0.64	0.63
	德宏州	0.45	0.41	0.52	0.55	0.78	0.76	0.77	0.77	0.59	0.56	0.63	0.65
	怒江州	0.48	0.48	0.51	0.57	0.79	0.87	0.86	0.83	0.62	0.64	0.66	0.69
	迪庆州	0.53	0.48	0.57	0.62	0.84	0.85	0.82	0.87	0.67	0.64	0.68	0.73
	恩施州	0.45	0.43	0.51	0.56	0.78	0.80	0.81	0.84	0.59	0.58	0.64	0.69
湖北	武汉	0.44	0.54	0.56	0.67	0.95	0.93	0.96	0.93	0.64	0.71	0.73	0.79
	黄石	0.32	0.39	0.46	0.51	0.91	0.95	0.94	0.96	0.54	0.61	0.65	0.70
	十堰	0.37	0.44	0.46	0.53	0.87	0.83	0.92	0.95	0.57	0.61	0.65	0.71
	宜昌	0.42	0.45	0.46	0.58	0.91	0.93	0.96	0.99	0.62	0.65	0.66	0.76
	襄阳	0.34	0.43	0.49	0.49	0.91	0.89	0.95	0.99	0.56	0.62	0.68	0.70
	鄂州	0.38	0.43	0.47	0.56	0.95	0.97	0.97	0.95	0.60	0.65	0.68	0.73
	荆州	0.32	0.38	0.43	0.46	0.91	0.88	0.92	0.98	0.54	0.58	0.63	0.67
	孝感	0.34	0.39	0.37	0.40	0.88	0.86	0.91	0.95	0.55	0.58	0.58	0.61
	荆门	0.33	0.37	0.31	0.40	0.83	0.85	0.95	0.97	0.52	0.56	0.55	0.62
	黄冈	0.37	0.38	0.45	0.43	0.80	0.84	0.90	0.94	0.54	0.57	0.64	0.64
	咸宁	0.38	0.42	0.46	0.52	0.82	0.86	0.90	0.92	0.56	0.60	0.65	0.69
	随州	0.40	0.45	0.47	0.43	0.85	0.84	0.89	0.91	0.58	0.62	0.65	0.62
	天门	0.38	0.40	0.47	0.49	0.77	0.81	0.87	0.92	0.54	0.57	0.64	0.67

续表

省份	城市	现状水平			协调水平				综合水平			
		2008年	2011年	2014年	2017年	2008年	2011年	2014年	2017年	2008年	2011年	2014年	2017年
湖北	仙桃	0.37	0.43	0.45	0.52	0.84	0.85	0.91	0.94	0.56	0.60	0.64	0.70
	潜江	0.33	0.42	0.51	0.52	0.88	0.87	0.96	0.94	0.54	0.61	0.70	0.70
	神农架林区	0.48	0.49	0.52	0.60	0.95	0.89	0.85	0.94	0.67	0.66	0.66	0.75
湖南	长沙	0.50	0.61	0.58	0.66	0.95	0.94	0.99	0.97	0.69	0.76	0.76	0.80
	株洲	0.39	0.43	0.47	0.55	0.94	0.91	0.96	0.98	0.60	0.63	0.67	0.73
	湘潭	0.39	0.44	0.44	0.52	0.96	0.94	0.96	0.97	0.61	0.64	0.65	0.71
	衡阳	0.33	0.40	0.44	0.42	0.84	0.82	0.86	0.90	0.53	0.57	0.62	0.62
	邵阳	0.39	0.40	0.41	0.39	0.81	0.78	0.82	0.84	0.56	0.56	0.58	0.57
	岳阳	0.31	0.45	0.44	0.48	0.90	0.86	0.91	0.92	0.53	0.62	0.63	0.66
	常德	0.37	0.45	0.37	0.48	0.83	0.81	0.90	0.91	0.55	0.61	0.58	0.66
	张家界	0.48	0.41	0.51	0.58	0.84	0.86	0.84	0.82	0.63	0.59	0.65	0.69
	益阳	0.34	0.39	0.46	0.47	0.85	0.84	0.87	0.87	0.54	0.57	0.63	0.64
	郴州	0.40	0.43	0.44	0.51	0.87	0.88	0.88	0.89	0.59	0.61	0.62	0.68
	永州	0.42	0.41	0.49	0.48	0.81	0.79	0.84	0.84	0.59	0.57	0.64	0.64
	怀化	0.33	0.40	0.50	0.50	0.82	0.83	0.81	0.87	0.52	0.57	0.63	0.66
	娄底	0.33	0.35	0.40	0.42	0.79	0.85	0.82	0.82	0.51	0.55	0.57	0.59
	湘西州	0.42	0.43	0.49	0.48	0.82	0.79	0.84	0.82	0.59	0.58	0.64	0.63

续表

省份	城市	现状水平				协调水平				综合水平			
		2008年	2011年	2014年	2017年	2008年	2011年	2014年	2017年	2008年	2011年	2014年	2017年
江西	南昌	0.48	0.51	0.53	0.58	0.91	0.89	0.95	0.96	0.66	0.68	0.71	0.75
	景德镇	0.37	0.45	0.49	0.55	0.86	0.86	0.89	0.95	0.57	0.62	0.66	0.72
	萍乡	0.39	0.43	0.50	0.48	0.82	0.86	0.90	0.96	0.57	0.61	0.67	0.68
	九江	0.33	0.41	0.40	0.48	0.84	0.85	0.93	0.96	0.52	0.59	0.61	0.68
	新余	0.36	0.45	0.49	0.53	0.89	0.92	0.95	0.97	0.56	0.64	0.68	0.71
	鹰潭	0.38	0.40	0.45	0.59	0.86	0.83	0.93	0.97	0.57	0.61	0.68	0.76
	赣州	0.41	0.45	0.55	0.49	0.77	0.78	0.85	0.93	0.56	0.56	0.62	0.68
	吉安	0.39	0.42	0.49	0.50	0.77	0.76	0.87	0.91	0.55	0.59	0.69	0.67
	宜春	0.40	0.46	0.54	0.50	0.76	0.77	0.87	0.90	0.55	0.57	0.65	0.67
	抚州	0.39	0.47	0.48	0.59	0.78	0.75	0.82	0.95	0.55	0.60	0.66	0.75
	上饶	0.43	0.47	0.48	0.49	0.79	0.75	0.85	0.86	0.58	0.59	0.63	0.65
上海	上海	0.50	0.59	0.60	0.67	0.92	0.92	0.93	0.91	0.68	0.73	0.75	0.78
江苏	南京	0.47	0.56	0.58	0.68	0.95	0.96	0.95	0.92	0.67	0.74	0.74	0.79
	无锡	0.50	0.60	0.62	0.71	0.95	0.96	0.95	0.94	0.69	0.76	0.77	0.82
	徐州	0.41	0.47	0.47	0.51	0.92	0.94	0.98	0.98	0.61	0.67	0.68	0.70
	常州	0.51	0.60	0.63	0.70	0.97	0.97	0.96	0.96	0.71	0.76	0.78	0.82
	苏州	0.50	0.59	0.63	0.70	0.94	0.95	0.95	0.93	0.68	0.75	0.77	0.81
	南通	0.48	0.54	0.55	0.63	0.94	0.95	0.97	0.95	0.67	0.71	0.73	0.77
	连云港	0.40	0.43	0.46	0.50	0.91	0.94	0.98	0.96	0.60	0.63	0.67	0.69
	淮安	0.40	0.44	0.49	0.52	0.91	0.95	0.99	0.98	0.61	0.65	0.69	0.72

续表

省份	城市	现状水平				协调水平				综合水平			
		2008年	2011年	2014年	2017年	2008年	2011年	2014年	2017年	2008年	2011年	2014年	2017年
江苏	盐城	0.40	0.45	0.52	0.56	0.90	0.96	0.98	0.97	0.60	0.66	0.71	0.74
	扬州	0.45	0.56	0.54	0.61	0.96	0.97	0.98	0.96	0.66	0.74	0.73	0.77
	镇江	0.47	0.57	0.62	0.66	0.96	0.98	0.97	0.96	0.67	0.74	0.78	0.79
	泰州	0.42	0.49	0.55	0.61	0.94	0.96	0.99	0.96	0.62	0.68	0.74	0.76
	宿迁	0.43	0.43	0.47	0.45	0.86	0.90	0.98	0.98	0.61	0.62	0.68	0.67
浙江	杭州	0.54	0.66	0.69	0.77	0.99	0.98	0.98	0.97	0.73	0.81	0.82	0.86
	宁波	0.53	0.59	0.68	0.73	0.97	0.98	0.97	0.96	0.72	0.76	0.81	0.84
	温州	0.49	0.52	0.63	0.66	0.93	0.95	0.97	0.96	0.67	0.70	0.78	0.80
	嘉兴	0.48	0.56	0.62	0.64	0.97	0.98	0.98	0.95	0.68	0.74	0.78	0.78
	湖州	0.53	0.56	0.58	0.63	0.97	0.98	0.99	0.98	0.72	0.74	0.76	0.78
	绍兴	0.47	0.57	0.62	0.68	0.98	0.99	0.98	0.98	0.68	0.75	0.78	0.81
	金华	0.54	0.58	0.58	0.64	0.96	0.96	0.99	0.98	0.72	0.75	0.76	0.79
	衢州	0.50	0.52	0.58	0.64	0.92	0.94	0.97	0.98	0.68	0.70	0.75	0.79
	舟山	0.47	0.53	0.61	0.66	0.93	0.95	0.97	0.97	0.66	0.71	0.77	0.80
	台州	0.50	0.52	0.58	0.64	0.94	0.94	0.97	0.97	0.68	0.70	0.75	0.79
	丽水	0.55	0.55	0.62	0.68	0.91	0.93	0.94	0.98	0.71	0.71	0.77	0.82
安徽	合肥	0.40	0.50	0.54	0.61	0.92	0.93	0.96	0.92	0.60	0.68	0.72	0.75
	芜湖	0.44	0.49	0.53	0.58	0.95	0.95	0.97	0.96	0.64	0.68	0.72	0.74
	蚌埠	0.35	0.45	0.47	0.46	0.92	0.92	0.96	0.96	0.57	0.64	0.67	0.67
	淮南	0.32	0.34	0.37	0.37	0.88	0.95	0.93	0.96	0.53	0.57	0.58	0.59

续表

省份	城市	现状水平			协调水平			综合水平		
		2008年	2011年	2014年	2017年	2008年	2011年	2014年	2017年	2008年	2011年	2014年	2017年
安徽	马鞍山	0.31	0.42	0.42	0.58	0.97	0.96	0.99	0.97	0.55	0.63	0.65	0.75
	淮北	0.34	0.35	0.39	0.41	0.82	0.87	0.90	0.95	0.52	0.56	0.59	0.63
	铜陵	0.37	0.47	0.54	0.51	0.95	0.98	0.98	0.98	0.59	0.68	0.73	0.70
	安庆	0.39	0.42	0.48	0.53	0.81	0.83	0.90	0.97	0.56	0.59	0.66	0.72
	黄山	0.52	0.54	0.59	0.64	0.84	0.88	0.88	0.92	0.66	0.69	0.72	0.76
	滁州	0.35	0.43	0.46	0.46	0.81	0.87	0.94	0.97	0.54	0.61	0.66	0.67
	阜阳	0.34	0.36	0.42	0.37	0.73	0.77	0.89	0.90	0.50	0.53	0.61	0.58
	宿州	0.37	0.30	0.37	0.39	0.76	0.83	0.89	0.90	0.53	0.50	0.58	0.59
	六安	0.33	0.38	0.42	0.49	0.77	0.77	0.91	0.91	0.51	0.54	0.62	0.67
	亳州	0.39	0.37	0.42	0.38	0.72	0.76	0.84	0.92	0.53	0.53	0.59	0.59
	池州	0.40	0.45	0.53	0.55	0.81	0.86	0.90	0.94	0.56	0.63	0.69	0.72
	宣城	0.45	0.52	0.55	0.55	0.85	0.91	0.95	0.96	0.62	0.68	0.72	0.73

5.1.2　增速高于全域，发展地位稳步上升

从绿色发展水平平均值及增速来看，湖北省2008—2017年的绿色发展水平相对稳定，除了个别年份外，现状水平增速维持在10%左右，如图5.1所示。其中，现状水平在2009—2010年、2015—2016年变化幅度较大，分别达到13.66%和32.98%。2017年国家统计局发布《中国国民经济核算体系(2016)》，对统计核算体系进行了调整，导致2014—2015年部分统计数据的统计口径有所变化，出现负增长的异常状态，其余年份均呈现线性的正向增长态势。协调水平在十年间的增速均维持在6%以内，十分稳定。综合水平与现状水平类似，仅有2015—2016年的增速超过10%，达到15.5%；其余年份增速比较稳定。

从湖北省在长江经济带的绿色发展地位来看，湖北省绿色发展现状水平目前低于长江经济带均值，但差距在不断缩小，湖北省绿色发展条件与基础正在逐步改善。协调水平持续高于长江经济带平均水平，并且差距仍在不断变大。综合水平在2016年实现反超，发展形势良好。由此说明，湖北省在长江经济带的绿色发展地位正在稳步上升。

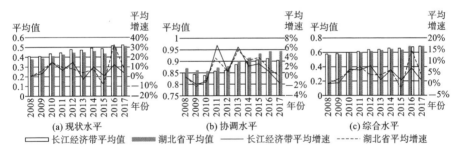

图5.1　2008—2017年长江经济带与湖北省绿色发展水平平均值及增速

5.1.3　高水平城市稀缺，缺乏示范引领城市

从2008—2017年长江经济带各省份的绿色发展水平各层级城市比例(图5.2)来看，绿色发展高水平城市主要集中在下游地区省份，湖北省内的绿色发展高水平城市稀缺。

具体而言,湖北省绿色发展的高现状水平城市仅有武汉市,而较低现状水平和较低协调水平的城市数量分别为 8 个和 9 个,约占湖北省城市总数的一半,与浙江省和江苏省等高水平城市数量多、整体发展水平高的发达省份差距明显。由此可见,湖北省具有示范引领作用的绿色发展典范城市数量相对不足。

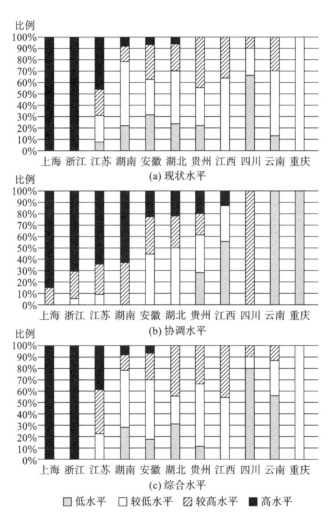

图 5.2 2008—2017 年长江经济带各省份的绿色发展水平各层级城市比例

从具体城市绿色发展水平的对比来看,虽然湖北省内的武汉市、宜昌市和鄂州市等城市已经步入高水平或较高水平阶段,但在整个长江经济带内仍属同层级城市中下游水平,与其他高水平城市相比,地位不够突出、特色不够明显,以湖北省唯一的高现状水平城市武汉市为例,在全经济带21个高现状水平城市中排名第9,在19个高综合水平城市中排名第12,均未进入前30%。可见,湖北省及其城市在长江经济带中绿色发展的竞争优势不足,区域影响力有待进一步提升。

5.1.4 省内差距扩大,发展短板亟待补齐

从2008—2017年长江经济带各省份的绿色发展水平变异系数(图5.3)来看,湖北省内各城市之间的发展水平存在较为显著的差距。与长江经济带其他省份相比,2012—2017年湖北省绿色发展的现状水平和综合水平的省内差距呈现扩大和波动的趋势,其中,2017年湖北省现状水平、协调水平和综合水平变异系数分别位居第4、第5和第5,省内绿色发展差距明显大于浙江省和江苏省等绿色发展水平整体较高的省份。

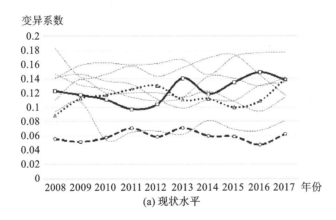

图5.3 2008—2017年长江经济带各省份的绿色发展水平变异系数

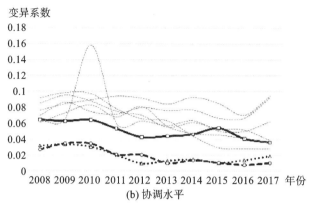

(b) 协调水平

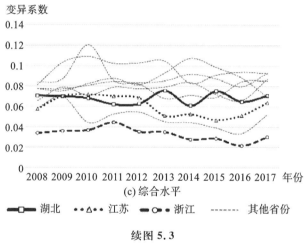

(c) 综合水平

──□── 湖北　·····△····· 江苏　──○── 浙江　------ 其他省份

续图 5.3

5.2 绿色发展分布特征

本节进一步比较 2017 年长江经济带各省份的绿色发展现状水平、协调水平与综合水平,并计算 2013—2017 年长江经济带的绿色发展水平标准差椭圆重心位置,探讨长江经济带范围内湖北省的绿色发展分布特征。

5.2.1 现状水平：处于第二梯队，高水平城市点状分布

分析表5.1中2017年长江经济带的绿色发展现状水平评估结果可知，湖北省属于中等水平，虽不及沿海的江浙沪构成的第一梯队，但在内陆地区优势相对明显。从2017年现状水平来看，在内陆地区的各省份中，湖北省比安徽省、湖南省、贵州省和重庆市高出2~3个百分点，仅次于江西省和云南省，与湖南省和江西省等长江中游省份共同构成长江经济带第二梯队。

从2017年长江经济带各城市绿色发展现状水平的分布来看，高现状水平城市呈现"东面西点"的分布特征。其中，湖北省高现状水平城市呈点状分布，仅有武汉市和宜昌市两个高现状水平城市，省内的其他城市现状水平多数为低水平或较低水平，存在跨层级的现状水平差距，而下游地区已经出现了涵盖江苏省、浙江省大多数城市以及安徽省少数城市的高现状水平片区，该片区相邻城市现状水平多数为较高水平。

从2013—2017年长江经济带的现状水平标准差椭圆重心（表5.2）可以看出，长江经济带整体的发展重心整体向东转移。具体而言，2013—2017年长江经济带现状水平标准差椭圆短轴长度有所减小，从2013年的3.007减小至2017年的2.968，缩减位置主要集中在西北区域，说明东部和南部区域发展更为稳健；椭圆长轴长度有所增加，从2013年的9.838增加至2017年的9.880，长轴延伸位置主要集中在东部沿海区域；椭圆重心移动比较明显，2013—2014年椭圆重心向南大幅移动，2014—2017年逐步向东平稳移动。

表5.2 2013—2017年长江经济带现状水平标准差椭圆重心

重心	2013年	2014年	2015年	2016年	2017年
经度(°)	112.0944	112.0528	112.1026	112.1606	112.1518
纬度(°)	29.40123	29.35777	29.34735	29.36181	29.36118
经度转移(°)	—	−0.04157	0.049781	0.058046	−0.00889
纬度转移(°)	—	−0.04345	−0.01042	0.014457	−0.00064
转移方向	—	西南	东南	东北	西南

5.2.2 协调水平：节点地位凸显，发展重心移向中部

分析表 5.1 中 2017 年长江经济带的绿色发展协调水平评估结果可知，长江经济带高协调水平城市呈现"一横两纵"的分布特征，"一横"指一条与沿江发展轴相契合，横贯上、中、下游的东西向轴线；"两纵"指两条分别与京九发展轴和沿海发展轴相契合的南北向轴线。湖北省位于贯穿长江经济带的"一横"和契合京九发展轴的"一纵"的交会处，节点地位凸显，与长江中下游地区的重庆市、安徽省、江西省、江苏省、上海市以及浙江省实现了高协调水平的均衡连片，形成协调发展高地。

从 2017 年长江经济带各城市协调水平的分布来看，湖北省向东沿沿江发展轴与安徽省高协调水平片区连接，向南沿京九发展轴与长株潭城市群以及江西省的高协调水平片区连接。但湖北省西部的恩施土家族苗族自治州协调水平较低，尚未融入高协调水平片区。同时，湖北省东部城市与安徽省部分城市的协调水平较低，在长江中游和下游地区交界处形成低协调水平的洼地。

从 2013—2017 年长江经济带的协调水平标准差椭圆重心（表 5.3）可以看出，整个长江经济带的协调水平趋于均衡，各省份之间的差距不断减小。标准差椭圆的短轴长度变化不明显，维持在 2.988 左右；长轴长度不断缩小，从 2013 年的 9.639 缩小至 2017 年的 9.558；重心位置几乎重合。整体表现为椭圆不断向中部地区收缩的趋势，说明整个长江经济带的协调水平得到全面提高，东西部差距有所减小，发展重心不断向湖北省移动。

表 5.3 2013—2017 年长江经济带协调水平标准差椭圆重心

重心	2013 年	2014 年	2015 年	2016 年	2017 年
经度(°)	112.021827	112.01491	112.001181	111.974957	112.026663
纬度(°)	29.442177	29.445752	29.444565	29.442271	29.453564
经度转移(°)	—	−0.006917	−0.013729	−0.026224	0.051706
纬度转移(°)	—	0.003575	−0.001187	−0.002294	0.011293
转移方向	—	西北	西南	西南	东北

5.2.3 综合水平：引领内陆发展，空间格局较为稳定

分析表5.1中2017年长江经济带的绿色发展综合水平评估结果可知，沿海的江苏省、浙江省和上海市综合水平较高，2017年平均综合水平超过长江经济带平均综合水平约10%。湖北省综合水平虽然不及沿海地区，但在内陆地区仅次于江西省，位居内陆地区第二，超出内陆地区平均综合水平3%，与江西省和重庆市组成内陆地区综合水平高地，引领内陆地区发展。

从2017年长江经济带各城市综合水平的分布来看，湖北省呈现围绕核心城市分布的较高水平城市集聚状态，整体优于上游地区高水平及较高水平城市的零星点状分布状态，但与下游地区的高水平城市集聚状态相比，存在一定的差距。

从2013—2017年长江经济带的综合水平标准差椭圆重心（表5.4）可以看出，湖北省的综合水平演变基本与长江经济带其他省份保持同步，其在空间布局方面的中心性、方向性、形态等特征未出现明显变化，空间格局较为稳定。

表5.4 2013—2017年长江经济带综合水平标准差椭圆重心

重心	2013年	2014年	2015年	2016年	2017年
经度(°)	112.056731	112.035866	112.049114	112.065926	112.088063
纬度(°)	29.42084	29.402048	29.394658	29.401025	29.404269
经度转移(°)	—	−0.020865	0.013248	0.016812	0.022137
纬度转移(°)	—	−0.018792	−0.00739	0.006367	0.003244
转移方向	—	西北	西南	西南	东北

5.3 绿色发展分领域特征

本节基于各绿色发展领域——资源保护利用领域、生态环境防治领域、经济产业发展领域与社会环境建设领域的评估结果，探讨湖北省在长江经济带

范围内各领域的绿色发展现状与特征。

5.3.1　多领域绿色发展增速加快、差距缩小

2017年湖北省与长江经济带各领域绿色发展水平如图5.4所示。从2017年各领域的绿色发展水平来看,除了社会环境建设领域的绿色发展水平略高于长江经济带平均水平之外,湖北省在资源保护利用、生态环境防治和经济产业发展三个领域的绿色发展水平均低于长江经济带平均水平。其中,经济产业发展领域低于长江经济带平均水平2%,资源保护利用领域低于平均水平2%,生态环境防治领域最为明显,低于平均水平6%。

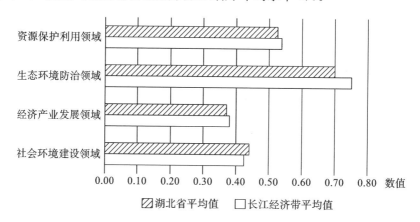

图5.4　2017年湖北省与长江经济带各领域绿色发展水平

2009—2017年长江经济带与湖北省各绿色发展领域的发展水平增速如图5.5所示。虽然湖北省在各领域绿色发展水平与长江经济带的平均水平有一定的差距,但这些差距在2015—2017年呈现不断缩小的趋势,尤其体现在资源保护利用、生态环境防治、经济产业发展领域。

其中,资源保护利用领域的差距由2015年的16%缩小至2017年的2%,2016年及2017年的平均增长速度高于长江经济带平均水平9%;生态环境防治领域的差距由2015年的14%缩小至2017年的6%,2016年及2017年的平均增长速度高于长江经济带平均水平1%;经济产业发展领域的差距由2015

年的9.4%缩小至2017年的2%,2014—2017年的平均增长速度高于长江经济带平均水平5%。

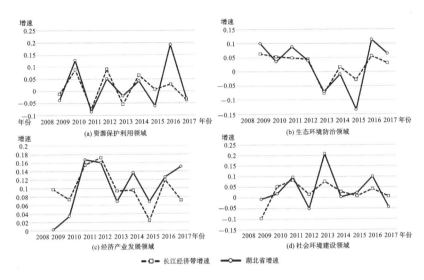

图5.5　2009—2017年长江经济带与湖北省各绿色发展领域的发展水平增速

5.3.2　资源:发展水平居中,契合地理条件

湖北省的资源保护利用水平居于长江经济带各省份的中位,这与各省份的自然资源条件密切相关:长江上游地区的云南省资源最为丰富,发展水平最高;而下游地区的江苏省和上海市资源相对匮乏,发展水平最低。资源保护利用水平随着资源丰富程度呈现从上游地区至下游地区缓慢递减的趋势。

5.3.3　生态:防治效率不高,空间分异弱化

2017年长江经济带各省份生态环境防治水平如图5.6所示。湖北省的生态环境防治水平在长江经济带中排名靠后,位居长江经济带11个省份的倒

数第3,略微领先于安徽省和重庆市。可见,湖北省的绿色发展在生态环境防治领域问题依然突出。

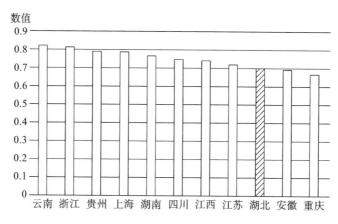

图 5.6　2017 年长江经济带各省份生态环境防治水平

2017 年长江经济带各省份在生态环境防治领域各层级城市比例如图 5.7 所示。湖北省在生态环境防治领域的低水平城市比例较大,是制约湖北省生态环境防治水平提升的重要原因之一。湖北省低水平城市占长江经济带的 29%,较高水平城市仅占 11%,整体水平偏低。从绿色发展评估指标来看,2017 年湖北省污水处理厂集中处理率和工业固体废物综合利用率分别位居长江经济带共 11 个省份的第 8、第 7,表明污染源头和末端治理水平偏低是导致整体生态环境防治水平难以提升的主要原因。

从生态环境防治水平的分布来看,2008—2017 年长江经济带众多城市实现了由低水平向较高水平的层级跃迁,较高水平及以上城市的数量大幅增加,长江流域生态环境防治水平的空间分异情况得到改善。

虽然中部地区污染减排措施水平与环境治理技术得到提升,但湖北省若干城市的环境治理水平仍旧提升不明显,2017 年仍有襄阳市、宜昌市、荆门市、荆州市和孝感市等城市处于低水平阶段,这些城市在湖北省中部形成生态环境防治水平的洼地。

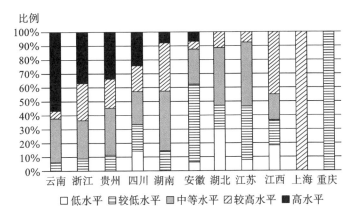

图 5.7 2017 年长江经济带各省份在生态环境防治领域各层级城市比例

5.3.4 经济：水平有待提升，成为西拓通道

2017 年长江经济带各省份经济产业发展水平如图 5.8 所示。湖北省在经济产业发展领域处于第二梯队，与由上海市、浙江省和江苏省组成的第一梯队差距达到了 40%。由此看来，湖北省在经济产业发展领域的绿色发展水平有待提升，这也是长江经济带各内陆省份普遍存在的问题。

2017 年长江经济带各省份在经济产业发展领域各层级城市比例如图 5.9 所示。限制湖北省经济产业发展的一个重要原因是具有示范引领作用的高水平城市数量不足。经济产业发展领域中，湖北省仅有武汉市与鄂州市两个高水平城市，一个较高水平城市襄阳市，而江苏省较高水平及以上城市达到了 10 个，浙江省全体城市均为较高水平及以上城市。

从经济产业发展水平的分布来看，2008—2017 年长江经济带经济产业发达片区呈现出由东向西扩张的趋势。借由沪汉蓉、沪杭、浙赣铁路等重要交通走廊，湖北省逐渐成为长江经济带经济产业发达片区由下游地区向中上游地区扩张的重要通道，同时形成了长江中游地区的重要发展节点。其中，湖北省向西连接重庆市和成都市，向东连接合肥市和南京市，形成局部的经济产业发展集聚片区。

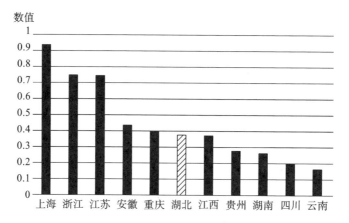

图 5.8 2017年长江经济带各省份经济产业发展水平

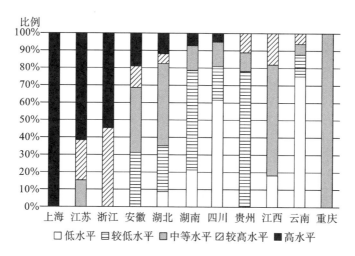

图 5.9 2017年长江经济带各省份在经济产业发展领域各层级城市比例

5.3.5 社会：整体较为均衡，形成中游核心

湖北省在社会环境建设领域的整体发展速度领先，在长江中上游地区进步显著。2008、2011、2014、2017年长江经济带各省份在社会环境建设领域各层级城市比例如图5.10所示。2008年长江中上游地区的社会环境建设水平

普遍较低,湖北省高水平城市仅有武汉市一个;2011年,长江经济带中游地区的武汉市、长沙市等省会城市开始崛起,并且对省内其他城市有明显带动作用;2017年,湖北省承接下游地区高水平城市发展优势,水平提升速率超越中游地区其他省份。

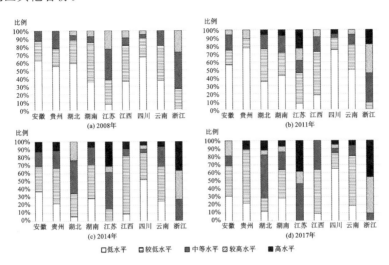

图5.10 2008、2011、2014、2017年长江经济带各省份在社会环境建设领域各层级城市比例

从社会环境建设水平的分布来看,2017年长江中游地区较高水平城市主要分布在核心城市周边,核心城市"以点带线",与较高水平城市形成两条较为突出的发展轴线:其一为核心城市长沙市,与其北部城市岳阳市和南部城市株洲市、湘潭市、郴州市形成的南北向轴线;其二为核心城市宜昌市和武汉市,与其东西两侧城市恩施州、神农架林区、十堰市、襄阳市、荆门市、天门市、仙桃市、潜江市、鄂州市、黄石市形成的东西向轴线。

与湖南省南北向轴线相比,湖北省东西向轴线贯穿全省,区域跨度大,覆盖城市多,发展水平高,影响力强,成为长江中游地区社会环境建设领域绿色发展的东西向核心区域。

第6章 湖北省各城市绿色发展评估

6.1 绿色发展水平评估

本节在进行长江经济带范围的绿色发展评估与比较的基础上,聚焦湖北省内17个城市进行城市层级的评估,评估其2008—2017年的绿色发展现状水平、协调水平与综合水平,以揭示湖北省内各城市的绿色发展情况。

6.1.1 协调水平与综合水平相对均衡,现状水平差异显著

通过计算2008—2017年湖北省绿色发展现状、协调与综合水平的标准差(图6.1),可以发现现状水平的标准差在波动中不断上升,由2008年的0.046增至2017年的0.070,并且仍然保持明显的上升趋势;而协调水平与综合水平的标准差保持平稳状态,没有明显的变化趋势,在2011年之后基本维持在0.03~0.05之间,略有波动。由此可见,湖北省各城市的绿色发展现状水平存在显著差异,并且这种差异在逐步扩大;而协调水平和综合水平差异较小,保持稳中略降的态势。

6.1.2 武汉市现状水平优势突出,其他城市差距明显

从2008—2017年湖北省各城市绿色发展现状水平(图6.2)来看,自2010年起,武汉市的绿色发展现状水平基本上就已经远远超过当时的省内其他城市,并且一直维持领先的地位。2010年,武汉市与第二位的宜昌市差距已经达到18%,至2017年,二者的差距依然保持在16%左右。其中值得注意的是,在2013—2016年间,个别其他城市出现了现状水平小幅下降的情况,但武

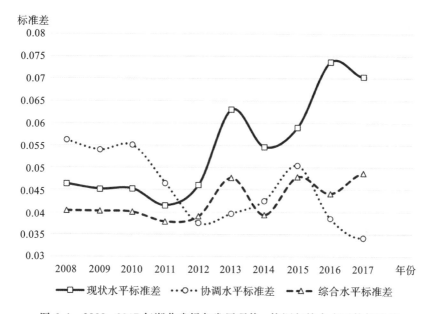

图 6.1　2008—2017 年湖北省绿色发展现状、协调与综合水平的标准差

汉市一直维持增长的状态,绿色发展现状水平相对稳定。

除武汉市以外的湖北省其他城市现状水平的滞后性十分明显,增长慢、基数低造成了这些城市发展滞后的局面。例如,2008—2017 年间,孝感市的增长率不到 20%;襄阳市的增长率虽然超过了 40%,发展较迅猛,但由于基数较低,2017 年的现状水平仍旧与武汉市存在显著差距。

6.1.3　城市地位与水平错位,等级优势未能发挥

2017 年湖北省各等级城市绿色发展水平如图 6.3 所示,虽然武汉市的绿色发展现状水平具有明显优势,但湖北省的两个副中心城市宜昌市与襄阳市未发挥社会经济和等级优势,绿色发展现状水平不突出,在资源消耗和环境保护方面的发展滞后于社会、经济发展,难以实现对其他一般地级市和县级市绿色发展的辐射和带动作用。

武汉市作为湖北省的省会城市,一方面,人口大量集中在市区,在资源和能源消耗方面给武汉市的绿色发展带来极大压力:2017 年武汉市城镇居民人

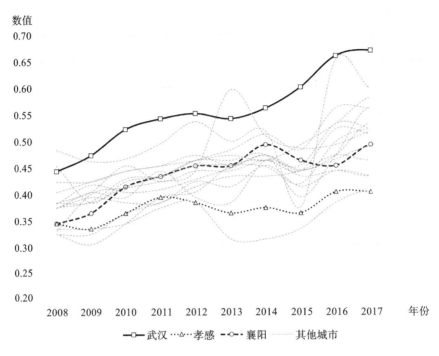

图 6.2 2008—2017 年湖北省各城市绿色发展现状水平

均生活用电达到 1005.14 千瓦时,人均用水量达到 70.90 吨,单位地区生产总值建设用地使用面积达到 4.68 公顷每亿元,各项资源消耗指标均位于全省前列。另一方面,城市建设和经济发展速度快、强度大,难以兼顾生态环境保护:2017 年武汉市单位地区生产总值工业废水排放量达到 1.00 吨每万元,单位地区生产总值工业二氧化硫排放量达到 1.04 吨每万元,超过全省平均水平,环境污染严重;并且建成区绿化覆盖率和森林覆盖率仅达到 34.47% 和 15.2%,空气质量优良率仅达到 70%,远低于全省平均水平,城市居民生活环境质量无法得到保障。

宜昌市和襄阳市作为湖北省的两个副中心城市,在现状水平、协调水平和综合水平上与地级市和县级市相比没有明显优势,与其副中心城市的地位不符。比如宜昌市和襄阳市 2018 年空气质量优良率指标分别位居全省倒数第 7 和全省倒数第 1,单位地区生产总值工业废水排放量指标分别位居全省第 5 和全省第 8,工业固体废弃物综合利用率指标分别位居全省倒数第 4 和全省倒数第 6。整体来看,宜昌市和襄阳市资源利用率不高、工业污染较严重,生态环境质量亟待提升。

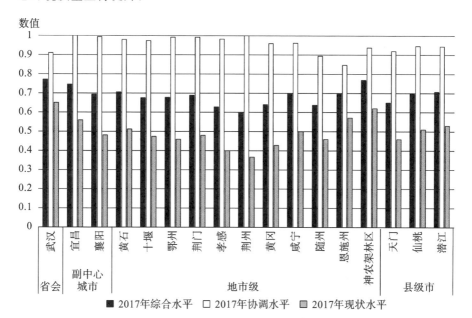

图 6.3　2017 年湖北省各等级城市绿色发展水平

6.1.4　现状水平与协调水平层级不匹配

绿色发展综合水平的高低并不能完全代表城市的绿色发展状态好坏,还须进一步判断城市的现状水平、协调水平与综合水平是否在同一层级。

从 2017 年湖北省各城市绿色发展水平与层级关系(表 6.1)可以看出,多数城市的现状水平与协调水平相关性较弱,82% 的城市的现状水平与协调水平层级不匹配(即异配),甚至差距较大,省内城市现状水平和协调水平具有明显的不同步特征。比如鄂州市,虽然绿色发展综合水平处于高水平层级,但其现状水平与协调水平层级相差一个等级(即邻级异配);荆门市的绿色发展综合水平较高,但其现状水平与协调水平层级相差两个等级(即跨级异配)。

在现状水平与协调水平层级不匹配的诸多城市中,较低水平和较高水平异配现象最为显著,主要体现在城市数量和差异程度两个方面。城市数量上,较低水平异配城市数量最多,为7个;其次是较高水平异配城市,为6个。差异程度上,跨级异配型城市集中分布于较低水平层级,少量分布于较高水平层级,多表现为严重的现状水平滞后或者协调水平滞后,是实现全省现状水平与协调水平同步发展的最大短板。

较高综合水平的城市跨级异配,表明其在总体发展水平较高的情形下出现了较低的协调水平,城市的绿色发展陷入各领域协调矛盾的窘境,呈现出综合水平超前的表象。因此,对于较高水平异配城市不可只关注综合水平这一"外在"表现,还应着重分析其现状水平和协调水平的具体特征,以免城市步入较高综合水平、低协调水平的"伪绿色化"路径。并且,此类城市多属于资源城市和老工业城市,如石化基地荆门市,在发展过程中面临着对资源环境保护力度不足且经济社会发展动力欠缺的双重困境,从而出现多领域协调矛盾的问题。

表 6.1 2017 年湖北省各城市绿色发展水平与层级关系

综合水平发展层级	现状水平与协调水平层级匹配状态	城市
高水平	同配	武汉市、宜昌市
高水平	邻级异配	鄂州市
较高水平	同配	咸宁市
较高水平	邻级异配	恩施州、黄石市、十堰市、襄阳市、神农架林区
较高水平	跨级异配	荆门市
较低水平	同配	—
较低水平	邻级异配	天门市、随州市
较低水平	跨级异配	孝感市、荆州市、黄冈市、仙桃市、潜江市

6.2 绿色发展分布特征

本节基于湖北省 17 个城市绿色发展水平评估结果,借助 ArcGIS 可视化功能,揭示湖北省内各城市绿色发展的分布特征。在此基础上,运用 ArcGIS 平台的 Moran's I 算法对湖北省进行局部空间自相关分析,探讨各城市绿色发展的空间相关性与集聚性特征。

6.2.1 总体格局：东西双足鼎立，两区特色鲜明

如图 6.4 所示，基于 2017 年湖北省各城市绿色发展水平，按照区域内发展走势趋同、行政区划完整、自然格局相似的原则，可以将湖北省绿色发展总结为"鄂东＋鄂西"的空间格局。

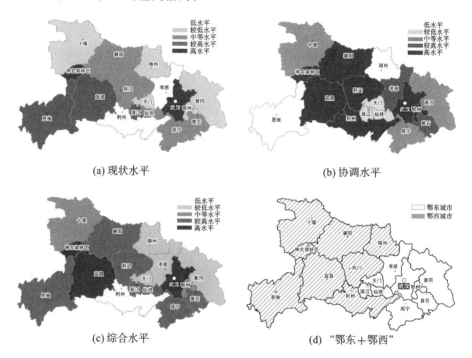

图 6.4　2017 年湖北省各城市绿色发展水平及"鄂东＋鄂西"空间格局

[审图号：鄂 S(2022)011 号]

武汉市、黄冈市、鄂州市、黄石市、咸宁市、孝感市、仙桃市、天门市、潜江市位于湖北省东部，是一个以武汉城市圈为主体的鄂东绿色发展区（后文简称"鄂东片区"）。宜昌市、襄阳市、荆州市、荆门市、十堰市、随州市、恩施州和神农架林区位于湖北省西部，共同构成了鄂西绿色发展区（后文简称"鄂西片区"）。鄂西片区覆盖了江汉平原大部分区域，包含了大别山脉和武陵山脉，生

态环境复杂。

6.2.2 现状水平：鄂东分异显著，鄂西相对均衡

2008、2011、2014、2017年湖北省各城市绿色发展现状水平空间分布如图6.5所示。整体来看，鄂西片区与鄂东片区现状水平均呈现上升态势，且鄂东片区现状水平略优于鄂西片区。

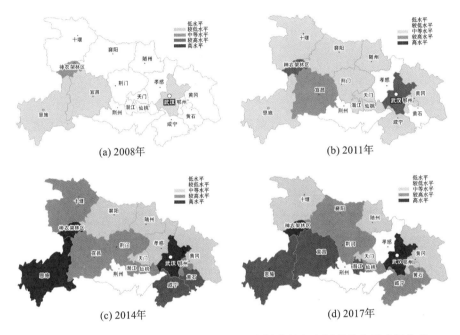

图 6.5　2008、2011、2014、2017年湖北省各城市绿色发展现状水平空间分布

［审图号：鄂 S(2022)011 号］

从各城市现状水平来看，鄂东片区依赖武汉市单核支撑，内部差异较大。片区内除潜江市和天门市外，其他城市均和武汉市邻接，地缘关系密切，但这些城市与武汉市相比，都表现出了跨层级的现状水平差异：黄石市、咸宁市和仙桃市为中等现状水平，比武汉市低两个层级；鄂州市和黄冈市为较低现状水平，比武汉市低三个层级；孝感市为低现状水平，与武汉市差距最大，达到四个层级。而鄂西片区呈现多核带动、较为平衡的状态，恩施州、宜昌市和神农架

林区形成了高水平集聚片区,多个核心城市协同发展。

6.2.3 协调水平:鄂西具备优势,全域较为均衡

2008、2011、2014、2017 年湖北省各城市绿色发展协调水平空间分布如图 6.6 所示。鄂西片区协调水平整体优于鄂东片区,其中,襄阳市、宜昌市、荆门市和荆州市的协调水平自 2015 年起迅速提升,围绕这四个高协调水平城市,鄂西片区形成了高协调水平城市连绵带;而鄂东片区仅有鄂州市属于高协调水平城市,其他城市普遍属于中等或者较低协调水平城市,整体发展态势与鄂西片区相比具有明显的劣势。

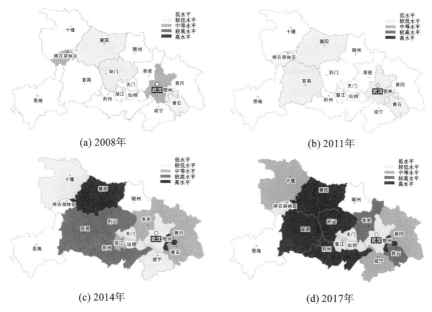

图 6.6 2008、2011、2014、2017 年湖北省各城市绿色发展协调水平空间分布

[审图号:鄂 S(2022)011 号]

2017 年湖北省绿色发展协调水平局部空间自相关分析结果如图 6.7 所示。湖北省集聚特征和分异特征均不显著,全域整体协调水平较为均衡。值得注意的是,湖北省仅有随州市表现出"低-高集聚"特征,协调水平劣势明显,这一定程度上是因为随州市建市时间短、起步阶段晚:2000 年 6 月,国务院批

准成立地级随州市,原县级随州市改名为曾都区,隶属地级随州市。但随着汉十高铁全线通车,随州市综合实力不断进步,湖北省协调水平的这一"冷点"将被弥补。

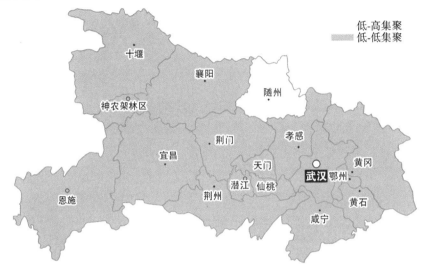

图 6.7　2017 年湖北省绿色发展协调水平局部空间自相关分析结果

[审图号:鄂 S(2022)011 号]

6.2.4　综合水平:双核地位突出,局部空间异质

从 2008、2011、2014、2017 年湖北省各城市绿色发展综合水平的空间分布(图 6.8)来看,鄂东和鄂西两个片区中的核心城市——武汉市和宜昌市起到了十分重要的作用,双核地位突出。

具体来说,两个片区自 2008 年起始终围绕着各自的核心城市逐步开始发展,呈现出明显的核心引领周边特征。其中鄂东片区以武汉市为发展起点,2012 年起黄冈市、鄂州市、黄石市、仙桃市和咸宁市等邻接城市成为发展第二阶段的主要城市,至 2017 年,形成了以武汉市为核心的圈层式高综合水平发展区域。鄂西片区以宜昌市和神农架林区为起点,不断向外围的襄阳市、荆门市、随州市和恩施州等城市发展,至 2017 年,形成了以宜昌市和神农架林区为核心的高综合水平聚集区域。

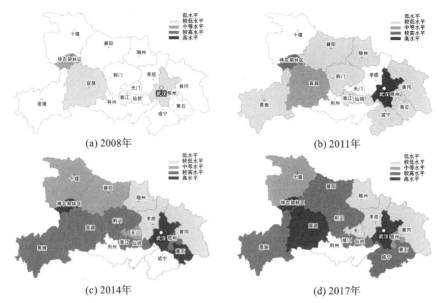

图 6.8 2008、2011、2014、2017 年湖北省各城市绿色发展综合水平空间分布

[审图号:鄂 S(2022)011 号]

2017年湖北省绿色发展综合水平局部空间自相关分析结果如图 6.9 所示。湖北省局部有相对明显的"热点"或"冷点"特征,湖北省大部分城市呈现"低-低集聚"特征,同质性明显;而异质性("高-低集聚"特征和"低-高集聚"特征)则在个别城市较为明显。其中武汉市"高-低集聚"特征突出,其综合水平与相邻城市相比明显较高;而荆州市"低-高集聚"特征突出,其综合水平与相邻城市存在显著差距。

6.3 绿色发展分领域特征

本节基于绿色发展评估领域——资源保护利用、生态环境防治、经济产业发展与社会环境建设的评估结果,探讨湖北省各城市在各领域的绿色发展特征。

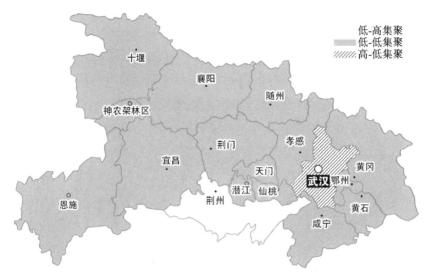

图 6.9　2017 年湖北省绿色发展综合水平局部空间自相关分析结果

[审图号:鄂 S(2022)011 号]

6.3.1　各领域水平分异,差距显著,形成分层

从 2008—2017 年湖北省各领域绿色发展水平(图 6.10)的演变过程来看,湖北省各领域绿色发展水平呈现明显的分异状态。环境领域水平超越其他三个领域,位于第一;资源领域、社会领域和经济领域分别位于第二、第三和第四。

此外,各领域之间的差距逐步转向两个层级:生态环境防治领域以其良好的基础和高速增长的态势成为第一层级;其他三个领域达到相近水平,形成第二层级。这种层级差距变化主要原因是生态环境防治领域维持稳定的高水平状态,虽然在 2012—2015 年,呈现出持续的下滑趋势,甚至到 2015 年几乎下降到了 2008 年的水平,直到 2016 年才有所回升,回归高速增长的态势;但其依靠良好的基础,在 2016—2017 年,仍然与其他三个绿色发展领域有较为明显的差距。

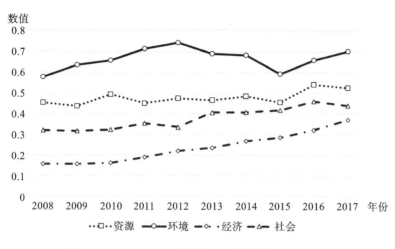

图 6.10　2008—2017 年湖北省各领域绿色发展水平

6.3.2　资源：依赖自然资源，省际区域发展较优

湖北省的资源保护利用水平与其天然的自身资源条件密切相关。比如资源保护利用水平位居前列的神农架林区和恩施土家族苗族自治州，均是自然资源条件十分优越的山地城市，拥有丰富的矿藏资源、生物资源和水利资源；反观武汉市等平原城市，虽然交通发达、土地平坦，但自然资源相对匮乏，资源保护利用领域的发展水平相对较低。2008—2017 年湖北省各城市的资源保护利用水平如图 6.11 所示。

资源保护利用领域的中高水平城市主要集中在省内西部临界的山脉林地地区，与自然地理格局十分契合。这主要是由于人均水资源量和森林覆盖率等是资源保护利用领域中的重要指标，森林茂密、水资源丰富的山脉林地等区域具有明显优势。从 2008、2011、2014、2017 年湖北省各城市的资源保护利用水平空间分布（图 6.12）来看，恩施州、神农架林区、宜昌市和十堰市等凭借大巴山、巫山和武陵山山脉资源，成为资源保护利用领域的高水平和较高水平城市。襄阳市、随州市和黄石市凭借桐柏山、大洪山和幕阜山等山体资源，成为中等水平城市。由于中部地区大部分位于长江中下游平原，森林相对较少，除了地处汉江流域、水网密集的潜江市和仙桃市，其他城市均为资源保护利用领

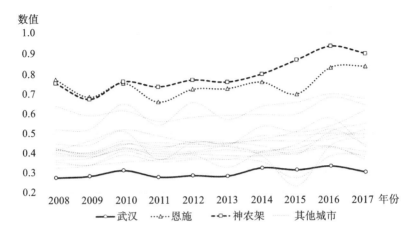

图 6.11　2008—2017 年湖北省各城市的资源保护利用水平

域低水平、较低水平城市。

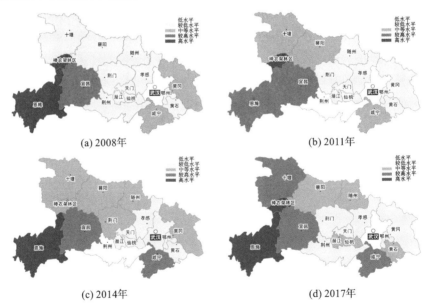

图 6.12　2008、2011、2014、2017 年湖北省各城市的资源保护利用水平空间分布

[审图号：鄂 S(2022)011 号]

6.3.3 生态：相对均衡，中部地区有待提升

湖北省的生态环境防治水平相对均衡。2017年，全省各城市在生态环境防治领域绿色发展水平均维持在0.50~0.85，首末城市差异较小，并未出现显著的分层现象。另外，由2008—2017年湖北省各城市生态环境防治水平箱型图(图6.13)可知，湖北省各城市在生态环境防治领域绿色发展水平呈现出相对同步的发展态势，例如2014—2015年的同步下跌和2015—2016年的同步上升。

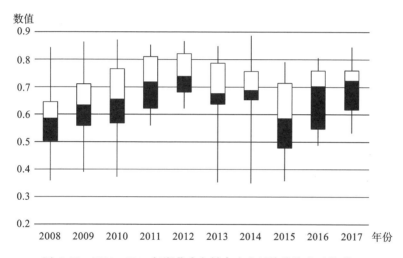

图6.13　2008—2017年湖北省各城市生态环境防治水平箱型图

2008、2011、2014、2017年湖北省各城市生态环境防治水平空间分布如图6.14所示。从2017年湖北省生态环境防治水平的空间分布来看，中部多个城市发展水平滞后，形成了生态环境防治水平的洼地，其中，襄阳市、宜昌市和荆州市属于低水平城市，荆门市、孝感市属于较低水平城市，随州市属于中等水平城市。

2008年省内城市生态环境防治水平普遍较低，仅有少数城市为中等及以上水平。2011年，随着污染减排措施的实施与环境治理技术的提升，省内各城市的生态环境防治水平得到改善，中部的襄阳市、宜昌市、荆门市和荆州市

生态环境防治水平均有显著提升。2014年,中部各城市的生态环境防治水平不增反降,几乎平均下降了一至两个层级,退回到2008年的水平。由此看来,湖北省中部城市的生态环境治理在2011年左右曾颇见成效,但未能始终贯彻,导致2014年生态环境防治水平降低。

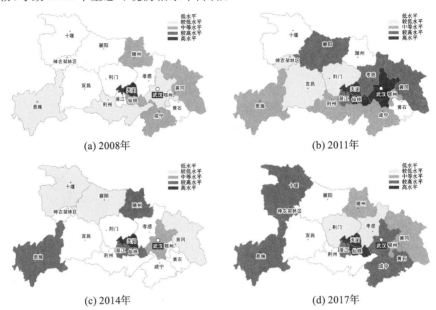

图6.14　2008、2011、2014、2017年湖北省各城市生态环境防治水平空间分布

[审图号:鄂S(2022)011号]

6.3.4　经济:层级分化,"一主两翼"格局初显

在湖北省经济产业发展进程加快的同时,城市间的发展差异越发显著。具体表现为武汉市和鄂州市占据首位层级,宜昌市和襄阳市位于中位层级,而其他城市居于末位层级。

2008—2017年湖北省各城市经济产业发展水平如图6.15所示。武汉市自2008年起以较高的起点和10%以上的平均增长速率,保持经济产业发展水平的快速稳定增长,持续领先。而鄂州市虽然在发展过程中整体水平有所波动,但依然以不俗的增长速率紧随武汉市之后。宜昌市和襄阳市分别在

2014—2015年和2013—2014年发展提速,分别以30%和23%的优势领先于下一层级的首位城市。其他城市普遍发展起点低,增长速度慢,年增长率在5%以下。在武汉市迅猛发展的同时,应关注其他城市普遍发展缓慢甚至停滞的问题,因为这意味着城市间发展水平层级分化问题愈发严重。

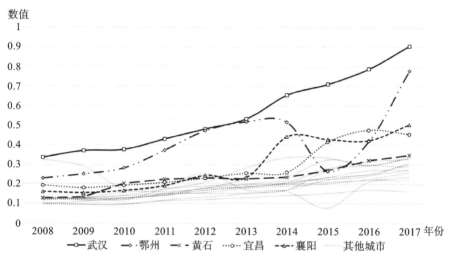

图6.15 2008—2017年湖北省各城市经济产业发展水平

从2008、2011、2014、2017年湖北省各城市经济产业发展水平的空间分布(图6.16)来看,"一主两翼"发展格局初步显现,即形成以武汉市为核心的武汉城市圈主导,"襄十随神"和"宜荆荆恩"两翼共同发展的发展格局。2008—2017年,武汉市经济产业发展地位始终保持稳定,带动周边的鄂州市、黄冈市、黄石市、咸宁市、孝感市以及天门市、仙桃市、潜江市协同发展,形成了以武汉市为核心的武汉城市圈,对全省经济发展起到主导作用。襄阳市和宜昌市的副中心城市地位从2014年便开始显现,至2017年已经形成了以襄阳市为中心和以宜昌市为中心的两大城镇密集地区,引领鄂西地区协同发展。

6.3.5 社会:双核优势,鄂东协同发展不足

从2008、2011、2014、2017年湖北省各城市社会环境建设水平空间分布

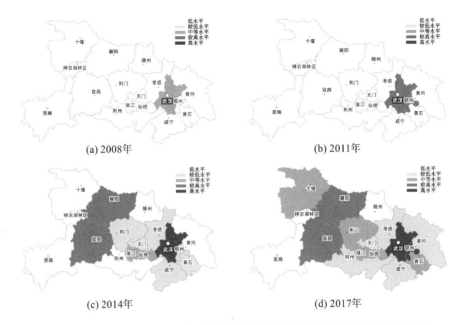

图 6.16　2008、2011、2014、2017 年湖北省各城市经济产业发展水平空间分布

[审图号:鄂 S(2022)011 号]

(图 6.17)来看,武汉市和宜昌市在鄂东和鄂西两个片区的核心优势十分明显。鄂东片区方面,武汉市的社会环境建设水平突出,自 2008 年起便稳定处于高水平层级,与鄂东片区其他城市相比,始终具有跨层级的优势。鄂西片区方面,宜昌市的社会环境建设水平同样占据领先地位,在 2017 年成为鄂西片区唯一的社会环境建设领域高水平城市。

虽然武汉市的社会环境建设水平领先,但对其他城市的引领带动作用不强,鄂东片区社会环境建设的协同发展程度不足。2017 年,鄂东片区其他城市在社会环境建设领域多数仍然处于低水平或较低水平,发展水平普遍滞后。而宜昌市作为鄂西片区核心城市,发挥了较强的示范引领作用,带动周边的十堰市、襄阳市、神农架林区、荆门市和恩施州等城市社会环境建设水平不断进步,2017 年已经形成了围绕宜昌市的社会环境建设领域较高水平城市连绵带。

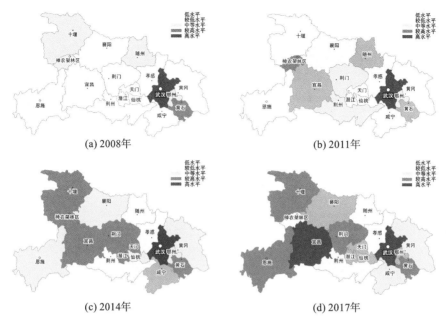

图 6.17 2008、2011、2014、2017 年湖北省各城市社会环境建设水平空间分布

[审图号:鄂 S(2022)011 号]

第 7 章 湖北省绿色发展限制要素识别

7.1 各领域绿色发展的限制要素

基于前文湖北省各城市各领域的绿色发展水平评估结果,判定在某个领域水平小于湖北省均值水平的城市为尚需提升的城市,定义为"提升型"城市。本节借助障碍度模型,定量分析湖北省"提升型"城市在资源保护利用、生态环境防治、经济产业发展、社会环境建设领域的限制要素,针对性地探讨城市在各领域中存在的问题与短板。

7.1.1 资源保护利用领域

由 2017 年湖北省各城市在资源保护利用领域的各指标障碍度(表 7.1)可知,"提升型"城市在资源保护利用领域的各指标障碍度大小分布较为离散,说明不同城市的资源保护利用水平对于这些障碍因素的敏感性存在差异,并没有出现显著的单一障碍因素。但是值得注意的是,"提升型"城市基本上都是平原城市,其资源条件与位于山地的城市相比,具有天然的劣势,如建成区绿化覆盖率和森林覆盖率这两个指标,"提升型"城市的障碍度明显高于"非提升型"城市。这种地理空间上的资源分布不均,是造成这些城市资源保护利用水平滞后的主要原因之一。

从 2017 年湖北省在资源保护利用领域的"提升型"城市空间分布(图 7.1)来看,"提升型"城市主要分布于省域东北部的平原地区,发展短板体现在两个方面。一方面是资源总量的短缺,由于森林覆盖率、人均水资源量等是资源保护利用水平的关键评价指标,十堰市、神农架林区、宜昌市、恩施州和咸宁市等城市拥有资源丰富的巫山山脉、武陵山脉和幕阜山脉,这些城市的资源保护利用水平普遍处于领先地位。而位于平原地区的多数城市的森林和水资源总量则相对短缺,影响了资源保护利用领域的总体水平。另一方面则是人口基数大造成人均资源分配困难,在土地资源和水资源越来越紧缺的情况下,平原城市的人口资源矛盾越来越突出,如何提高资源利用效率、减少自然资源消耗是这些城市亟待解决的问题。

表7.1 2017年湖北省各城市在资源保护利用领域的各指标障碍度

城市类型	城市	人均水资源量（m³）	建成区绿化覆盖率（%）	森林覆盖率（%）	城镇居民人均生活用电（千瓦时）	居民家庭人均用水量（吨）	单位地区生产总值能源消耗量（吨标准煤/万元）	单位地区生产总值建设用地面积（公顷/亿元）
提升型	襄阳	0.06	0.05	0.06	0.07	0.08	0.10	0.08
	武汉	0.07	0.10	0.09	0.06	0.00	0.08	0.08
	荆门	0.06	0.01	0.07	0.05	0.05	0.02	0.10
	荆州	0.07	0.08	0.08	0.05	0.05	0.07	0.08
	随州	0.06	0.04	0.05	0.06	0.06	0.08	0.00
	黄石	0.06	0.05	0.06	0.07	0.06	0.04	0.06
	鄂州	0.07	0.12	0.09	0.08	0.06	0.06	0.02
	孝感	0.07	0.03	0.08	0.06	0.08	0.06	0.07
	黄冈	0.06	0.02	0.06	0.00	0.04	0.07	0.13
	天门	0.07	0.09	0.09	0.08	0.06	0.00	0.04
	仙桃	0.06	0.07	0.06	0.06	0.06	0.06	0.01
非提升型	潜江	0.06	0.03	0.06	0.08	0.09	0.10	0.01
	宜昌	0.06	0.00	0.03	0.06	0.06	0.08	0.09
	神农架林区	0.00	0.06	0.00	0.06	0.06	0.06	0.06
	咸宁	0.05	0.02	0.05	0.05	0.07	0.06	0.06

续表

城市类型	城市	人均水资源量（m³）	建成区绿化覆盖率（%）	森林覆盖率（%）	城镇居民人均生活用电（千瓦时）	居民家庭人均用水量（吨）	单位地区生产总值能源消耗量（吨标准煤/万元）	单位地区生产总值建设用地面积（公顷/亿元）
非提升型	恩施州	0.05	0.05	0.03	0.06	0.08	0.06	0.08
	十堰	0.06	0.08	0.03	0.06	0.03	0.07	0.03

注：数值越高、单元格颜色越深，表示障碍度越高。

图 7.1　2017 年湖北省在资源保护利用领域的"提升型"城市空间分布

[审图号：鄂 S(2022)011 号]

7.1.2　生态环境防治领域

2017 年湖北省各城市在生态环境防治领域的各指标障碍度见表 7.2。在生态环境防治领域"提升型"城市中，工业固体废弃物综合利用率成为障碍度排名首位出现频次最多的影响指标，阻碍作用最为明显，其次是空气质量优良率、单位地区生产总值二氧化硫排放量以及单位地区生产总值工业废水排放量。由此看来,湖北省在源头的污染防治和末端的污染治理上均有较大提升空间。

表 7.2 2017 年湖北省各城市在生态环境防治领域的各指标障碍度

城市类型	城市	单位地区生产总值化肥使用量(吨/亿元)	空气质量优良率(%)	单位地区生产总值工业废水排放量(吨/万元)	单位地区生产总值工业二氧化硫排放量(吨/亿元)	污水处理厂集中处理率(%)	生活垃圾无害化处理率(%)	工业固体废弃物综合利用率(%)
提升型	荆门	0.04	0.05	0.06	0.06	0.03	0.00	0.14
	荆州	0.05	0.07	0.02	0.06	0.05	0.00	0.15
	鄂州	0.07	0.07	0.02	0.05	0.03	0.00	0.04
	孝感	0.06	0.07	0.02	0.06	0.02	0.00	0.08
	黄冈	0.05	0.08	0.07	0.08	0.26	0.70	0.03
	宜昌	0.07	0.09	0.05	0.06	0.04	0.00	0.16
	襄阳	0.05	0.12	0.07	0.08	0.04	0.00	0.12
非提升型	恩施州	0.00	0.00	0.10	0.08	0.09	0.00	0.05
	十堰	0.07	0.01	0.06	0.09	0.03	0.01	0.08
	随州	0.04	0.07	0.10	0.09	0.02	0.00	0.05
	神农架林区	0.06	0.06	0.06	0.06	0.00	0.06	0.02
	黄石	0.08	0.00	0.00	0.02	0.07	0.00	0.01
	咸宁	0.07	0.05	0.06	0.07	0.09	0.00	0.03
	天门	0.06	0.01	0.09	0.04	0.10	0.23	0.00
	仙桃	0.07	0.02	0.06	0.03	0.07	0.00	0.00
	潜江	0.07	0.06	0.05	0.00	0.05	0.00	0.02
	武汉	0.09	0.10	0.07	0.09	0.02	0.00	0.01

注:数值越高、单元格颜色越深,表示障碍度越高。

2017年湖北省在生态环境防治领域的"提升型"城市空间分布如图7.2所示。"提升型"城市多以传统制造业为主导产业,这类产业在生产过程中,水、能源等各类资源消耗量大,产生"工业三废"多,对环境污染程度高,同时给环境污染治理造成了较大的压力。这些城市在工业发展规模扩张的过程中,要增加科技创新投入,改进工艺水平,提高对环境保护的重视程度。

图7.2　2017年湖北省在生态环境防治领域的"提升型"城市空间分布

[审图号:鄂S(2022)011号]

7.1.3　经济产业发展领域

从2017年湖北省各城市在经济产业发展领域的各指标障碍度(表7.3)来看,人均GDP为各市首位障碍因素的出现频次最多,达到了7次,但这一指标仅是经济产业发展水平滞后的一个外在表现,并不能说明经济产业的内在问题。应当注意的是,多数"提升型"城市的科技支出占财政支出比重和万人专利申请量这两项指标障碍度普遍较高,据此可知这些城市由于经济实力相对较弱,经济发展过程中科学技术和人才资金投入比重小,传统产业转型进度迟缓,第三产业得不到有效发展,城市创新能力难以提高,这些因素进一步阻滞经济实力的提升。

表 7.3 2017 年湖北省各城市在经济产业发展领域的各指标障碍度

城市类型	城市	第三产业增加值占 GDP 比重(%)	人均 GDP (元)	科技支出占财政支出比重(%)	万人专利申请量(件)
提升型	恩施州	0.04	0.10	0.08	0.07
	十堰	0.05	0.05	0.07	0.06
	荆门	0.07	0.04	0.06	0.07
	荆州	0.07	0.07	0.06	0.07
	随州	0.06	0.06	0.08	0.07
	神农架林区	0.00	0.09	0.08	0.07
	黄石	0.07	0.05	0.07	0.07
	孝感	0.07	0.09	0.05	0.07
	黄冈	0.06	0.07	0.07	0.07
	咸宁	0.07	0.07	0.07	0.06
	天门	0.07	0.09	0.06	0.07
	仙桃	0.08	0.06	0.07	0.06
	潜江	0.07	0.06	0.06	0.06
非提升型	宜昌	0.07	0.01	0.05	0.06
	襄阳	0.07	0.04	0.04	0.06
	武汉	0.01	0.00	0.00	0.03
	鄂州	0.07	0.04	0.04	0.00

注：数值越高、单元格颜色越深，表示障碍度越高。

区域协调水平不足，是限制湖北省经济产业发展领域整体水平提升的主要原因。2017 年湖北省在经济产业发展领域的"提升型"城市空间分布如图 7.3 所示。除了武汉市、鄂州市、宜昌市和襄阳市四个较发达城市之外，湖北省其他城市经济产业发展水平有待提升，说明这些城市目前的资本和技术等要素聚集水平相对偏低，产业结构和效率有待提升。同时不难发现，部分"提升型"城市虽然紧邻省会城市或副中心城市，但受其辐射带动作用小，缺乏对其经济、文化、科技、教育、人才等优势资源的承接，区域相关产业链发展较弱，联动增长效应不明显。这说明湖北省内部存在一定的极化现象，经济发展资源呈现向中心城市汇聚的趋势。

图 7.3　2017 年湖北省在经济产业发展领域的"提升型"城市空间分布

[审图号:鄂 S(2022)011 号]

7.1.4　社会环境建设领域

2017 年湖北省各城市在社会环境建设领域的各指标障碍度见表 7.4。湖北省不同城市在社会环境建设领域障碍度最大的指标有所不同,但城镇登记失业率、万人公共汽车客运量和城乡居民收入差距指数这三个指标呈现较高障碍度的频次最多,分别为 5 次、4 次和 5 次。说明这三个指标是影响社会环境建设领域发展的主要限制要素。

就业水平方面,结构性失业是造成湖北省部分城市城镇登记失业率偏高的重要原因。根据《中国统计年鉴》的统计数据,2019 年湖北省普通高校在校学生约 150 万余人,位居全国各省前列,这些大学生形成了庞大的待就业劳动者群体,而湖北省大多数城市主要的生产企业以代工、加工制造业为主,尤其是天门市、仙桃市、潜江市三个县级市,城市以及企业对于产品研发以及技术创新的重视程度不够,难以满足高学历劳动者的需求,导致了大学生毕业之后难以在这些城市找到匹配的工作岗位,造成人才外流的问题。

表 7.4 2017 年湖北省各城市在社会环境建设领域的各指标障碍度

城市类型	城市	城乡居民收入差距指数	城镇登记失业率（%）	万人拥有医生数（人）	百人公共图书馆藏书（册、件）	万人公共汽车客运量（万人次）	建成区排水管道密度(km/km²)
提升型	荆州	0.07	0.00	0.07	0.07	0.04	0.07
	随州	0.08	0.00	0.08	0.08	0.05	0.09
	鄂州	0.08	0.08	0.07	0.06	0.10	0.05
	孝感	0.06	0.02	0.08	0.07	0.08	0.06
	黄冈	0.05	0.08	0.08	0.07	0.08	0.07
	咸宁	0.07	0.07	0.06	0.07	0.08	0.09
	天门	0.08	0.11	0.07	0.07	0.06	0.09
	仙桃	0.08	0.09	0.06	0.08	0.06	0.06
	潜江	0.08	0.08	0.06	0.06	0.06	0.03
	襄阳	0.07	0.05	0.06	0.07	0.06	0.05
非提升型	武汉	0.06	0.05	0.00	0.00	0.02	0.02
	恩施州	0.02	0.10	0.06	0.06	0.09	0.08
	十堰	0.00	0.05	0.05	0.07	0.00	0.06
	荆门	0.08	0.05	0.06	0.06	0.03	0.06
	神农架林区	0.02	0.04	0.04	0.04	0.06	0.06
	黄石	0.05	0.05	0.06	0.06	0.06	0.00
	宜昌	0.06	0.08	0.05	0.01	0.05	0.07

注：数值越高、单元格颜色越深，表示障碍度越高。

基础设施供给方面，湖北省在社会环境建设领域的"提升型"城市分布与湖北省高人口密度城市分布高度重合。2017 年湖北省在社会环境建设领域的"提升型"城市空间分布与人口密度分布如图 7.4 所示。除了武汉市和黄石市之外，社会环境建设水平较低的城市的人口密度普遍高于"非提升型"城市。据此来看，有着较高人口密度的城市对于社会公共资源的需求大，对于公共资源公平分配的要求高,从而导致了这些城市出现社会资源供给不足、公共资源分配不均等问题。而武汉市和黄石市虽然人口密度偏高,但这两座城市2017年城镇化率分别达到了80.04%和62.89%,城镇化水平领先于全省,在基础设施以及公共服务设施建设上资金充足,满足了城乡居民对于公共资源的公平分配需求。

图7.4 2017年湖北省在社会环境建设领域的"提升型"城市空间分布(左图)与人口密度分布(右图)

[审图号:鄂S(2022)011号]

7.2 各城市绿色发展的限制要素[①]

本节基于城市发展等级——省会城市、副中心城市、一般地级市以及省直辖县级市,借助障碍度模型,以2017年为例,定量分析影响湖北省各城市绿色发展的限制要素,为提出湖北省绿色发展战略与路径提供科学的规划与调控依据。

7.2.1 省会城市

长江经济带各省会城市绿色发展综合水平如图7.5所示。在长江经济带9个省会城市中,湖北省的武汉市绿色发展综合水平位居第三,仅次于杭州市和南京市,在长江经济带中优势明显。但武汉市在资源保护利用领域的发展水平不高,2017年位居长江经济带倒数第四。一方面,武汉市位于长江中下游平原,山地、林地面积比例偏小,资源总量不占优势;另一方面,武汉市经济

---

① 陈鹏,陈思宇,彭翀.湖北省绿色发展水平研究:评价、特征与策略[C]//面向高质量发展的空间治理——2021中国城市规划年会论文集(14 区域规划与城市经济).2021:856-865.

产业发展与社会环境建设水平远超周边城市,城市人口虹吸效应显著,人口的不断增加与资源的有限性产生矛盾。由此看来,资源保护利用将成为制约武汉市绿色发展的短板之一。

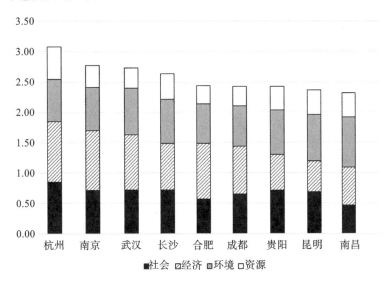

图 7.5　长江经济带各省会城市绿色发展综合水平

借助障碍度模型,得出湖北省省会城市在资源保护利用领域各指标障碍度,见表 7.5。其中,建成区绿化覆盖率、森林覆盖率、单位地区生产总值建设用地面积和单位地区生产总值能源消耗量是排名前四位的限制要素,这说明武汉市绿色发展要在城市绿化、森林资源保育以及提高用地和经济生产效率等方面提高重视程度。

表 7.5　湖北省省会城市在资源保护利用领域各指标障碍度

城市	人均水资源量(m^3)	建成区绿化覆盖率(%)	森林覆盖率(%)	城镇居民人均生活用电(千瓦时)	居民家庭人均用水量(吨)	单位地区生产总值能源消耗量(吨标准煤/万元)	单位地区生产总值建设用地面积(公顷/亿元)
武汉	0.07	0.10	0.09	0.06	0.00	0.08	0.08

注:数值越高、单元格颜色越深,表示障碍度越高。

7.2.2 副中心城市

宜昌市和襄阳市作为湖北省的副中心城市,综合实力和区域辐射引领能力较强。长江经济带各副中心城市绿色发展综合水平如图7.6所示。在长江经济带14个副中心城市中,宜昌市、襄阳市的绿色发展综合水平分别位居第五和第七,属于中等偏上水平,宜昌市仅次于宁波市、无锡市、苏州市和温州市等下游地区发达城市,相对于其他中游和上游地区城市,具备一定优势。但宜昌市和襄阳市整体环境质量有待提升,生态环境防治水平低于全省平均水平。

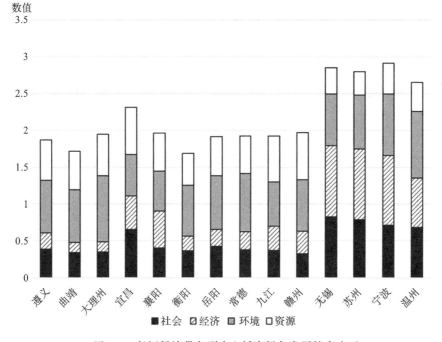

图7.6 长江经济带各副中心城市绿色发展综合水平

借助障碍度模型,得出湖北省副中心城市在生态环境防治领域各指标障碍度,见表7.6。可以发现工业固体废弃物综合利用率是首要影响因素,其次是空气质量优良率及单位地区生产总值化肥使用量、二氧化硫排放量和工业废水排放量等。说明这两个城市要在创造经济和社会效益的过程中,加强对生态环境的保护和防治。

表 7.6 湖北省副中心城市在生态环境防治领域各指标障碍度

城市	单位地区生产总值化肥使用量（吨/亿元）	空气质量优良率（%）	单位地区生产总值工业废水排放量（吨/万元）	单位地区生产总值工业二氧化硫排放量（吨/亿元）	污水处理厂集中处理率（%）	生活垃圾无害化处理率（%）	工业固体废弃物综合利用率（%）
宜昌	0.07	0.09	0.05	0.06	0.04	0.00	0.16
襄阳	0.05	0.12	0.07	0.08	0.04	0.00	0.12

注：数值越高、单元格颜色越深，表示障碍度越高。

7.2.3 一般地级市

湖北省一般地级市的经济产业发展普遍滞后，除鄂州市外，其他地级市经济产业发展领域均为绿色发展短板领域。一般地级市与省会城市武汉市、副中心城市宜昌市和襄阳市的经济发展水平存在一定差距，湖北省内部经济发展水平不协调。

借助障碍度模型，得出湖北省一般地级市在经济产业发展领域各指标障碍度，见表 7.7。可以发现人均 GDP 是阻碍湖北省一般地级市经济产业发展的首要因素，科技支出占财政支出比重和第三产业增加值占 GDP 比重、万人专利申请量紧随其后。人均 GDP 的阻碍说明这些城市自身经济发展总量不足、实力偏弱，而科技创新因素的滞后说明这些城市创新能力有待提升，要提高对科技投入的重视，从而为经济发展提供动力。

表 7.7 湖北省一般地级市在经济产业发展领域各指标障碍度

城市	第三产业增加值占 GDP 比重（%）	人均 GDP（元）	科技支出占财政支出比重（%）	万人专利申请量（件）
恩施州	0.04	0.10	0.08	0.07

续表

城市	第三产业增加值占 GDP 比重(%)	人均 GDP（元）	科技支出占财政支出比重(%)	万人专利申请量（件）
十堰	0.05	0.05	0.07	0.06
荆门	0.07	0.04	0.06	0.07
荆州	0.07	0.07	0.06	0.07
随州	0.06	0.06	0.08	0.07
神农架林区	0.00	0.09	0.08	0.07
黄石	0.07	0.05	0.07	0.06
鄂州	0.07	0.04	0.04	0.00
孝感	0.07	0.09	0.05	0.07
黄冈	0.06	0.07	0.07	0.07
咸宁	0.07	0.07	0.07	0.06

注：数值越高、单元格颜色越深，表示障碍度越高。

7.2.4　省直辖县级市

湖北省有三个省直辖县级市：天门市、仙桃市与潜江市。这三个县级市面临多领域绿色发展滞后的问题。其中，天门市和仙桃市在资源保护利用、经济产业发展、社会环境建设领域发展水平不足，潜江市在经济产业发展和社会环境建设领域发展水平不足，说明低社会经济发展强度对当地的自然环境破坏较小，未来应发挥这一优势，发展绿色经济，在保护资源环境优良条件的同时实现经济与社会的高质量发展。

对三个省直辖县级市在绿色发展水平较低的领域的各指标障碍度(表7.8—表7.10)进行分析，得出以下结论。

①资源保护利用领域：人均水资源量、建成区绿化覆盖率、森林覆盖率、城镇居民人均生活用电和居民家庭人均用水量五个因素阻碍较大，而单位地区生产总值建设用地面积和单位地区生产总值能源消耗量两个资源利用效率相关因素阻碍较小，见表7.8。说明虽然资源条件处于劣势，但县级市通过提高

资源利用效率在一定程度上补救了这一短板。

②经济产业发展领域：与一般地级市相似，人均GDP和第三产业增加值占GDP比重是对县级市发展阻碍程度最高的两个因素(表7.9)。说明县级市经济实力和创新能力相对较弱。

③社会环境建设领域：城镇登记失业率阻碍度排名前列(表7.10)。表明县级市要加强关注民生保障。

表7.8 湖北省省直辖县级市在资源保护利用领域各指标障碍度

城市	人均水资源量(立方米)	建成区绿化覆盖率(%)	森林覆盖率(%)	城镇居民人均生活用电(千瓦时)	居民家庭人均用水量(吨)	单位地区生产总值能源消耗量(吨标准煤/万元)	单位地区生产总值建设用地面积(公顷/亿元)
天门	0.07	0.09	0.09	0.08	0.06	0.00	0.04
仙桃	0.06	0.07	0.06	0.06	0.06	0.00	0.01
潜江	0.06	0.03	0.06	0.08	0.09	0.10	0.01

注：数值越高、单元格颜色越深，表示障碍度越高。

表7.9 湖北省省直辖县级市在经济产业发展领域各指标障碍度

城市	第三产业增加值占GDP比重(%)	人均GDP(元)	科技支出占财政支出比重(%)	万人专利申请量(件)
天门	0.07	0.09	0.06	0.07
仙桃	0.08	0.06	0.07	0.06
潜江	0.07	0.06	0.06	0.06

注：数值越高、单元格颜色越深，表示障碍度越高。

表7.10 湖北省省直辖县级市在社会环境建设领域各指标障碍度

指标	城乡居民收入差距指数	城镇登记失业率（%）	万人拥有医生数	百人公共图书馆藏书（册、件）	万人公共汽车客运量（万人次）	建成区排水管道密度（km/km²）
天门	0.08	0.11	0.07	0.07	0.06	0.09
仙桃	0.08	0.09	0.06	0.08	0.06	0.06
潜江	0.08	0.08	0.06	0.07	0.06	0.03

注：数值越高、单元格颜色越深，表示障碍度越高。

对策篇
湖北省绿色发展战略与路径

第 8 章 湖北省绿色发展战略

绿色发展是涵盖多领域的综合目标,实现绿色发展取决于单个绿色发展领域的良性发展。湖北省域及各城市的绿色发展须充分发挥资源环境、经济产业、空间建设等要素的促进作用,兼顾绿色发展的现状水平和协调水平,统筹城市单体与局部片区,产生"1+1>2"的效应,使各绿色发展领域向更高层次演化,形成一个和谐共存、协调发展的整体,实现良性循环、健康稳定的绿色发展目标。

8.1 绿色发展目标与指标

根据湖北省相关绿色发展政策,结合湖北省绿色发展现状水平评估与影响要素分析,本节提出湖北省绿色发展的总体目标,因地制宜、突出重点,应对城市绿色发展的突出问题,推动湖北省各城市转型升级,走上绿色集约、生态发展的道路。

从以下几个方面实现总体目标。

(1) 有效的资源保护利用。统筹推进湖北省重点城市的水环境综合治理。以"五水共治"为抓手,开展治污水、防洪水、排涝水、保供水、抓节水等方面的规划行动。

(2) 适灾的环境安全保障。大力推进海绵城市和综合管廊建设。一方面系统开展江河、湖泊、湿地等水体生态修复,把海绵城市建设指标纳入规划条件和项目审查环节;另一方面制定各专业管线年度建设计划,编制综合管廊专项规划,推进地下空间"多规合一"。

(3) 韧性的经济产业转型。提升湖北省产业供应链韧性。大力发展创新技术产业,支持传统产业转型升级,并且完善自身产业链环节,提升产业门类多样性与空间布局灵活性,从而加快湖北省经济创新水平与活跃程度。

(4) 持续的城市更新。推进城市老旧小区改造工程,改造重点向城市主干道、重要功能区域倾斜,着力改善公共空间,配套完善水、电、气、管网、路灯等基础设施。并且推行"15 分钟社区生活圈"建设,促进社区邻里公共设施共享,利用"互联网+"提高城市大型公共设施使用率。

(5) 健康的人居环境营造。保护城市生态安全格局,留出城市风道、绿廊,构建完整连贯的绿地系统。加快高品质公园建设,重点建设与居民生活密切相关的公园绿地,精雕细琢打造公园环境,提出城市公园绿地服务半径覆盖率、建成区绿地率、防灾避险公园数量等关键性指标。

在总体目标之下,结合 2018 年湖北省住房和城乡建设厅印发的《湖北省城市建设绿色发展 2018 年度工作方案》提出的市州级指标体系与本书中提出的湖北省绿色发展评估指标体系,建议湖北省城市绿色发展指标体系分为资源保护与利用、环境安全保障、经济产业转型、城市更新、人居环境营造五个大类,包含海绵城市面积达标率、城市老旧管网改造率、城市生活污水处理率、城市排涝能力提高率、公共交通分担率、"15 分钟社区生活圈"建设达标率等量化指标。

8.2　优先发展短板领域战略

当前湖北省诸多城市面临着绿色发展现状与协调水平不匹配的问题,因此在有限的资源条件下,如何促进现状水平与协调水平同步提升,实现更高效的绿色发展水平增长是亟须关注的问题。在不考虑绿色发展领域间复杂作用关系的相对理想条件下,任何一个绿色发展领域的水平提升都伴随着现状水平的增长,以及协调水平变动的不确定性,尤其对于现阶段水平已经超前的绿色发展领域,如果强化其绿色发展水平,并不一定会实现提升综合水平的目标,反而会因城市内部绿色发展领域差异增大而导致协调水平下降,不符合城市绿色发展的要求。

基于此,城市与区域的绿色发展一方面应基于现有评估结果,识别当前绿色发展的短板,投入更多的精力到发展明显不足的领域,在资源有限的情况下保证现状水平与协调水平共同稳定增长。例如工矿城市黄石市,在近几年发展中着重补齐环境短板,已采取给予税收政策支持、强化监管巡查、加大财政资金投入等一系列措施。从相关统计数据和绿色发展水平各子系统计算结果可以看出措施成效:2008—2017年间黄石市的单位地区生产总值工业废水排放量和工业二氧化硫排放量分别下降77%和93%,环境领域绿色发展水平由低层级提升至中层级。

另一方面不可忽视城市发展短板领域变化的动态性,展开实时监测,倘若因近期对某领域的过度投入致使其他绿色发展领域增长乏力而成为新的发展短板,那么城市将陷入新的不协调状态。例如对于资源环境条件突出的山地城市而言,如果仅片面地追求经济增长而一味投放资源来发展山地特色产业而忽视城市设施建设、农业污染防治等,虽然短时间内城市经济将出现增长,但现有公用设施条件无法满足产业扩张、人口集聚带来的新需求,将给社会环境建设、生态环境防治领域带来新问题。因此要对绿色发展进行动态评估,不断调整各领域发展方案。

8.2.1　资源保护利用提升

资源保护利用提升的核心在于合理开发利用和补偿增加存量。分析表明,湖北省资源保护利用领域水平在十年间并未得到实质性改变,不可再生资源存量不足的问题尤为突出,由于其具有更为突出的稀缺性和有限性,如何削减资源流出量至关重要。提高资源利用率和优化配置机制等措施是实现资源集约利用的关键手段,推动可再生资源的开发利用可以进一步减少对不可再生资源的需求,从而缓解资源承载力不足的问题。

此外,对于可再生资源而言,当城市发展消耗较快导致需求量多于净流出量时,环境系统难以通过自身作用恢复存量,因此须通过人工干预不断增加存量以保障环境系统稳定运行,实现绿色发展。比如2014年湖北省委、省政府印发的《关于加快推进绿满荆楚行动的决定》提出用3年时间,实现全省新增有林地面积56.84万公顷以上,森林覆盖率达到40.5%,森林蓄积量达到3.2亿立方米,林地保有量达到860.67万公顷。

8.2.2　生态环境防治提升

生态环境防治提升的核心在于源头预防和末端治理,其中前者为主、后者为辅。国内外诸多经验表明,从污染产生后的末端着手管控环境系统水平,往往事倍功半,这是由于末端治理往往仅代表污染物的转移,而非彻底治理。如工业生产中采用的烟气脱硫、除尘手段虽缓解了对空气的污染,但通常会形成大量废渣。因此末端治理手段仅可以在短期内为"治本"争取时间;从长远来看,源头预防才是关键,"治标"不可作为"治本"的替代方案。

分析湖北省在生态环境防治领域的发展,可以发现,湖北省在生态环境防治领域发展稳定性较弱,在2008—2017年期间城市生态环境防治水平波动十分明显。这说明,在源头预防和末端治理双管齐下的同时,还应进行实时评估与反馈,保障生态环境防治领域可持续发展。

8.2.3 经济产业发展提升

经济产业发展提升的核心在于发展方式的集约化和多元化。传统粗放型的增长方式是以高污染和高消耗为代价的,经济产业发展与生态环境防治、资源保护利用领域间存在负向作用关系,为了减少这种负向作用的产生与影响,要实现经济增长与环境压力和资源消耗的脱钩,建立集约化的生产方式。

绿色发展并非代表经济发展停滞,在经济下行压力增大、人口红利逐渐消失、消费需求上升的趋势下,要以创新为驱动力形成一批新兴产业,构建多元化的增长动力,推动经济走出发展困境,实现经济"稳增长"。如武汉市在绿色发展与经济增长的双重压力下,积极发展知识技术密集而资源消耗较少的新一代信息技术、生命健康和智能制造等新兴产业,《2018年武汉市国民经济和社会发展统计公报》显示,2018年武汉市三大战略性新兴产业中的智能制造产业总产值比上年增长18.8%,生命健康、信息技术产业营业收入分别增长19.2%和21.5%,已成为武汉市经济发展的强劲推力。

8.2.4 社会环境建设提升

社会环境建设提升的核心在于"人"的发展。人不仅是资源保护利用和生态环境防治领域的改造者,也是经济生产中的关键要素,人类所有的生产生活活动是经济产业发展领域形成和发展的前提。一方面,应不断提升自身素养,通过政府、企业和居民多方努力在全社会树立绿色发展意识,并以科技、信息、制度为手段贯彻实施。另一方面,应通过建立平安稳定、健康宜居的社会环境保障人力资本,使经济系统正常运转。

8.3 深入挖掘领域关联战略

绿色发展的理念重视领域间的协调运行,通过促进领域间良性的相互作用,激发领域内部潜能,弥补单个领域发展的局限性,并消除领域间的矛盾,从而达成健康稳定的绿色发展目标。

目前湖北省仅有资源保护利用领域与生态环境防治领域、经济产业发展领域与社会环境建设领域实现了较好的协调作用,且经济产业发展领域与资源保护利用领域、生态环境防治领域间存在一定的负面协调效应。比如武汉市的经济产业发展为高水平层级,但资源保护利用却为低水平层级;宜昌市的经济产业发展为较高水平层级,但生态环境防治却为低水平层级。

因此,湖北省在实现绿色发展的过程中,还要进一步挖掘绿色发展领域关联,这要求既要充分发挥领域间的带动作用,也要考虑潜在的抑制作用,有效规避单一领域增长与实现综合目标之间的矛盾。从现有发展条件来看,以下四种关联值得重点关注。

8.3.1 经济产业发展领域与资源保护利用领域

首要任务是削弱这两个领域之间的负向作用。资源依赖型的经济发展方式意味着经济的增长将以巨大的资源消耗为代价,资源过度的消耗会进一步抑制经济的可持续发展,不利于资源保护利用领域与经济产业发展领域的共同发展。比如黄石市在资源枯竭阶段表现出明显的经济衰退趋势,同时城市对自然资源的过度索求致使灾害频发。根据湖北省自然资源厅发布的 2017 年地质灾害隐患点分布情况统计,黄石市因长期开矿,已存在 383 个地质灾害隐患点,矿区的治理消耗了大量的人力、物力和财力,截至 2019 年 1 月,黄石市累计投入矿山治理的资金多达 20 亿,城市经济发展进一步遭受遏制。因此降低经济增长对资源的依赖性对于资源保护与经济产业的可持续发展意义重大。

再者,少数城市由于资源保护利用领域与经济产业发展领域链接断裂出现"富饶的贫困"现象,对这些城市而言,要推动资源要素的合理转化、加强资源保护利用领域对经济产业发展领域的正向作用。

8.3.2 经济产业发展领域与生态环境防治领域

一方面应转变"环境换取增长"的观念,力求降低经济产业发展对生态环境防治的负面作用。另一方面,在服务经济和生态经济主体特色愈加明显的背景下,商贸、旅游、康养等产业发展对生态环境提出了更高的要求,环境良好、景观适宜的城市通常更具有吸引力,因此可鼓励环境优势突出的城市有选择地发展依附于优良环境条件的特色优势产业,增强经济活力。比如恩施土家族苗族自治州凭借优越的森林资源与生态环境发展康养产业,高度重视森林康养基地建设,严格执行林地保护利用等规则,不断优化基地森林康养环境。2020年中国林业产业联合会确定湖北省恩施州梭布垭石林景区和铜盆水森林康养基地为第六批全国森林康养基地试点建设单位。

8.3.3 社会环境建设领域与资源保护利用领域

社会素质是决定资源分配方式和利用效率的关键要素,居民资源节约意识的形成可有效缓解资源保护利用领域的压力。乡村地区人口的集聚状态与土地利用效率密切相关,农村与城市两栖人口的广泛存在一定程度上降低了农村土地的有效使用率。此外,由于城市间频繁的经济社会活动,城市的土地资源不断下降至一定程度时,供需矛盾突出将驱使要素外流并向周边地区转移,这在一定程度上会挤压邻近城市的绿色、湿地、耕地等自然资源,加深周边地区的资源稀缺程度。

为了避免上述负溢出效应的产生,主要考虑在生态资源资产化的基础上建立资源产权交易制度。通过社会管理手段对全自然资源资产进行统一确权,尤其是对跨区域河流、森林、滩涂等自然资源要素。值得注意的是,2019

年我国颁发了《自然资源统一确权登记暂行办法》,极大地推动了资源产权交易制度的广泛应用。在此基础上,建立全成本自然资源价格体系,例如在跨流域调水的水权交易中,可将供水方的生态移民成本和生态建设成本等各项成本纳入价格体系,通过经济杠杆调节社会环境建设对资源过度消耗的补偿作用。

8.3.4　社会环境建设领域与生态环境防治领域

污染产业的转移是城市间生态环境防治领域产生负向效应的主要途径。形成的原因在于地区间环境规制竞争的存在,随着发达地区环境监管力度的加大,城市原有的高污染企业逐步外迁,而邻近低收入地区为了经济增长常选择较低的环境规制门槛,最终导致该地区环境恶化(Abay等,2010)。

基于此,"转移地"城市要结合自身实际情况逐步提高环境规制门槛,限制污染程度较高的企业投资,促进本地企业进行环境技术学习和改进。在此基础上,加强联防联控中的信息共享,通过共享污染源数据、气象数据、空气质量监测数据等信息,为联合改善环境质量提供有力抓手。目前湖北省已建立了针对水环境治理和空气环境治理的"成本共担、效益共享、合作共治"的流域保护和长效治理机制,从社会治理层面驱使湖北省各城市主动采取防控和治理手段。

8.4　分城市等级绿色发展战略

8.4.1　省会城市绿色发展

武汉市作为湖北省的省会城市,持续保持绿色发展领先地位,是全省现状水平和综合水平最高的城市。基于全省协同发展需求,武汉市主动发挥引领带动作用是其主要职责所在。

前文分析表明,武汉市的经济产业发展在全省范围内优势突出,具有产业基础雄厚、高端人才集聚、科学技术先进的特征。因此,武汉市应当重点发挥其作为经济产业发展示范城市的带动作用,主动推进武汉城市圈乃至全省的产业转型升级,引导全省产业走向差异化、特色化发展道路,并为其他城市提供可复制、可借鉴的经济产业发展方案。

基于此,武汉市应遵循《湖北省第十四个五年规划和二〇三五年远景目标纲要》中提出的"一主引领、两翼驱动、全域协同"区域发展布局要求,坚持双向互动、融通发展,全面提升武汉市作为国家中心城市的功能,加快武汉城市圈同城化发展,发挥武汉市和武汉城市圈引领作用,辐射带动全省高质量发展。此外,武汉市还应积极探索大数据、云计算、区块链、人工智能和卫星导航等新技术的应用,打造高科技产业集群,在现代金融、现代物流、软件和信息服务等领域着力培养高端服务品牌,提升经济发展质量。

虽然武汉市相较于其他城市有着明显优势,但仍要清醒认识到武汉市仍面临资源保护利用不足的困境。前文限制要素的分析结果表明,建成区绿化覆盖率、森林覆盖率、单位地区生产总值建设用地面积和单位地区生产总值能源消耗量等几个指标的影响程度最为突出,这意味着武汉市绿色发展的关键在于森林绿化资源的存量提升和资源的可持续利用。从增加建成区绿化率和全市森林覆盖率的角度来看,应更加关注城市中的屋顶、阳台、墙面等的绿化。从实现资源的可持续利用的角度来看,一方面须严控增量用地,盘活存量用地,加强闲置用地、废弃用地和低效土地的更新和再开发,完善相关的政策和法规建设;另一方面要发展绿色低碳经济,鼓励武汉市的钢铁、石化和建材等高能耗产业节能减排和转型发展,提升产业能效。

8.4.2 副中心城市绿色发展

湖北省副中心城市宜昌市和襄阳市的绿色发展水平略优于湖北省一般地级市,并且近几年增长速度较快。但是,由于社会环境建设领域和经济产业发展领域的快速发展对生态环境造成了明显的影响,副中心城市在生态环境防治领域表现为低水平。因此,当前副中心城市的首要任务是解决地区环境污染问题,以防牺牲环境换取经济发展的"黑色增长"模式出现,同时须格外警惕环境系统低值集聚区内部的负溢出效应。

提高工业固体废弃物综合利用率和削减单位地区生产总值二氧化硫排放

量离不开政府与企业的共同支持。首先,应加强监管执法力度,对污染严重的企业采取措施,给企业施加进行生产技术改造的压力;其次,通过搭建科技创新平台为企业创新提供政策托底,引导企业进行节能减排技术的自主研究;最后,合理规划产业布局,建立循环产业链,构建"以废治废"的环境治理路径。空气质量的改善还依赖于个人的参与,可通过引导居民绿色出行、低碳生活,多方合力共同改善城市空气质量,保障环境系统绿色发展。宜昌市和襄阳市作为湖北省重要的粮食生产基地,农业生产中的环境污染问题同样值得关注,单位地区生产总值化肥使用量是影响两个城市生态环境防治水平的重要因素。因此,农业生产上要鼓励农民使用有机肥,减少化肥和农药的使用,防止出现农村面源污染。

此外,还要关注产业转移中的负溢出效应。基于对区位条件、交通成本、工业基础等多种要素的考虑,武汉市产业通常倾向于向这两个发展基础较好的副中心城市转移,使得宜昌市与襄阳市成为湖北省产业转移重点"承接地"。因此,两市应主动联合武汉市等"转出地",对转移产业的环保水平进行全面评估和信息共享,不可因经济效益而降低环境规制门槛,以防区域出现环境风险集聚效应。

8.4.3　一般地级市绿色发展

长期以来,湖北省一般地级市在全省绿色发展水平排名中较为靠后,暴露出绿色发展现状水平和综合水平不足的问题。绿色发展评估与限制要素分析结果表明,突破的关键之处在于经济产业发展领域,人均 GDP、万人专利申请量和科技支出占财政支出比重是其中的重要限制要素。

因此,一般地级市在保障资源保护利用和生态环境防治领域绿色发展的前提下,应着重关注人均 GDP 和科技水平的提升。人均 GDP 与经济集约化和多元化存在内在关联,其水平的提升是一个缓慢的过程。科技创新是实现经济发展集约化和多元化的重要驱动力,与经济增长质量密切相关。从一般地级市产业特征来看,科技创新具有不同的应用方式。

湖北省西部地区的一般地级市地形条件复杂、人口分布不均、农业发展缓慢,尤其是山区贫困现象格外突出。因此,应继续提升农业发展中的科技创新水平,以提高农产品质量、深化农产品加工、发展具有山林特色的农业,如十堰市着力发展"生态休闲观光农业强农"计划,重点发展茶叶、林果和中药材等特色林业产业,以补齐农业发展的短板。湖北省东部地区,即武汉城市圈边缘的一般地级市,具有较好的工业基础,重工业仍然是这些城市工业经济增长的龙头,其重工业中以资源依赖型重工业为主,比如黄石市表现出资源要素驱动的"斯密型"增长特征,资源要素的衰竭使得城市存在经济发展活力不足的问题。对于这类以重工业为支撑的城市而言,应围绕已有产业链的关键生产环节部署创新链,提升城市工业生产的工艺技术、综合利用和循环利用水平,以实现产业集约化发展,并培养新兴产业。

从湖北省全省层面看,一般地级市的发展趋势与周边发达城市关联较弱,说明城市间的经济产业发展并未形成良好的促进作用,部分城市的经济产业发展多依赖于自身增长动力而缺少外部空间作用,因此湖北省一般地级市还要重点关注经济产业的区域协同发展,增强城市间要素流动,充分发挥领先地区的带动与辐射作用。

8.4.4　省直辖县级市绿色发展

湖北省直辖县级市——天门市、仙桃市与潜江市,在社会环境建设、经济产业发展和资源保护利用三个领域的绿色发展水平较低。主要是由于省直辖县级市的行政地位较低,虽然有一定的政策倾斜,但其城市规模决定了其绿色发展水平难以超越规模更大的地级市。

由此看来,天门市、仙桃市与潜江市的首要任务是实现多领域的协同发展,提升绿色发展整体水平。重点关注经济、社会和资源多领域协同发展,凭借区位优势,积极承接武汉市资源、产业、经济和人才等要素转移。此外,针对城市规模较小、综合竞争力不强的问题,应根据湖北省"十四五"规划对天门市、仙桃市与潜江市进行发展定位,增强发展特色,打造"明星城市",实现绿色发展。

第 9 章　湖北省绿色发展路径

9.1　省域国土空间协调发展

本节基于湖北省绿色发展现状评估结果,结合湖北省的资源环境与经济社会发展现状、主体功能类型以及地域类型,确定湖北省的生态、生产与生活空间协调发展路径。一方面强调湖北省重点地区、少数民族地区、资源型地区、改革试验区等实现特色与创新发展,另一方面促进区域错位协调发展,强化跨区域要素的稳定流动与功能互补,从而推进湖北省的绿色发展模式转型和竞争力提升,形成各具特色、功能互补、各展优势的省域国土空间格局。

9.1.1　空间划分原则与结果

湖北省国土空间在土地质量、利用方式、利用潜力、利用特点和利用方向上具有明显区域差异。基于国土现状特征,结合类似的区域及省域国土空间规划经验,确定湖北省区域空间的划分原则如下。

(1) 区内国土开发条件相似。包括地表覆盖、地形地貌、水源状况等自然条件,以及社会经济条件如经济结构、生产能力、科技水平以及人口构成等。通过合理的空间划分使湖北省各区内国土开发条件相似而区间呈现出差异特征,对土地的开发利用条件、方向和强度基本相同。

(2) 区内发展方向基本一致。保持同一协调区域内的发展方向基本一致,针对不同区域的经济、社会、自然条件和生态环境,拟订适应区域特点的开发与保护定位、发展重点和用途管制措施,采取不同的土地政策,加强区际与整体功能的协调程度。

(3) 行政区域保持相对完整。对于不同土地,利用社会经济发展区域的划分,在空间分布上形成统一的整体。保持空间上的连续性与行政界线的完整性有利于各种土地开发保护和社会经济发展战略的实现,因此将分区基本单元定为市级行政区域。

根据上述原则,将湖北省国土空间协调发展划分为重点区域的集聚协调开发与农业、生态空间协同保护两类。

其中,重点区域的集聚协调开发关注国土空间的发展与建设,提出"一带三群"国土开发协调区:一带为湖北长江经济带,三群包括以武汉市大都市区为核心的武汉城市圈优化协调区、以襄阳市都市区为核心的"襄十随"功能协调区、以宜昌市都市区为核心的"宜荆荆"联合协调区。农业、生态空间协同保护关注国土空间的保护与治理,提出"一区两江四山"的国土保护协同区:一区为江汉平原核心保护区;两江为长江与汉江流域;四山包括大巴山、武陵山、大别山、幕阜山,恩施州、神农架林区也包含在其中。

9.1.2 重点区域的集聚协调开发

1. 一带:湖北长江经济带开发与保护协调

坚持生态优先、绿色发展的原则,明确湖北省域沿长江地区的空间协调发展定位为:依托长江"黄金水道",成为支撑长江经济带发展、实现开发与保护协调的中部核心段。

一是省域沿长江下游段坚持以"水"兴带,依托"武鄂黄黄"都市连绵带建立现代产业体系。高效集约利用长江岸线,积极推动沿线有条件的城市承接武汉市和国内外高水平的重化工产业转移,构建具有世界先进水平的沿江经济带产业集群。充分发挥水资源优势,优先发展涉水产业,着力建设现代产业走廊,打造湖北长江经济带下游地区的产业转型升级协调区域。

二是省域沿长江中游段坚持重点城市带动作用,以荆州市为区域增长极,提升自身的区域聚集能力和辐射能力,带动周边沿江城镇发展,在荆江经济带发展基础上建设新型跨江城镇带。同时依托长江水运、高速公路、铁路、航空等交通干线,促进长江两岸的快速通道跨越式发展。此外,破除行政区划界限,扩大要素配置范围,加强产业布局、市场建设、旅游文化等方面的一体化建设,拓展资源整合空间,形成中部城市协调开发区域。

三是省域沿长江上游段坚持生态修复,构建长江三峡生态文明示范带。包括加强三峡库区、清江等重点流域水资源保护与水环境治理;实现三峡库区和宜昌市、宜都市等城市的城镇污水全收集与全处理;加大生态补偿和转移力度,协调水、电、交通、工业等有关宏观经济发展的大中型项目布局。

2. 三群:以武汉市大都市区为核心的武汉城市圈优化协调区

明确武汉城市圈优化协调区定位为:打造高效率、高品质的两型社会综合配套改革试验区和长江中游城市群发展的核心协调区域。在保持武汉市作为城市圈的核心的同时,引导各城市产业向高新技术产业、先进制造业和现代服务业等高端产业转型。

一是产业方面,坚持走新型工业化道路,建设更具竞争力的国家中心城市的核心功能集聚区。重点加强金融商务、文化传媒、总部办公等高端现代服务业集聚,促进科技创新、先进制造、枢纽物流等核心功能发展,引导一般制造业、低端服务业等非核心功能有序疏解,加快形成以武汉市为核心,临空、车都、光谷为区域性服务中心,具有"武鄂黄黄""汉孝""武咸""武仙洪"四条主要发展廊道的"一核三副四带"空间开发格局。其中,发展廊道以鄂州市、黄石市、咸宁市、孝感市等城市为中心,带动、构筑城镇协调发展区,展开产业合作和功能组织,支持优化协调区发展。

二是交通方面,加快推进枢纽型、功能性、网络化重大交通基础设施建设。以武汉市长江中游航运中心为龙头,构建以武汉市为核心,黄石市、咸宁市、孝感市为副中心的"三环四轴五枢纽"的交通体系格局,推进武汉市重要综合交通枢纽建设,积极主动与机场、铁路站场对接,促进多种运输方式之间的高效换乘;积极引导货运枢纽(物流园区)建设;积极推进集先进港口技术于一体的长江沿线港口建设,着力打造长江黄金水道的航运中心。

3. 三群:以襄阳市都市区为核心的"襄十随"功能协调区

明确"襄十随"功能协调区的定位为:引领汉江流域的国家生态文明试验新区,长江中游地区重要的综合性交通枢纽,全省重要的汽车制造、配件加工、生态农业基地。在产业合作、设施共享、文化交流等方面强化一体化合作意向。

一是产业方面,充分发挥襄阳市作为省域副中心城市的带动与辐射作用,联动十堰市、随州市进行产业分工与互补,进一步做大、做强汽车及零部件龙头产业,发展新能源汽车、新材料等战略性新兴产业,增强区域的现代化产业整体竞争力。

二是空间方面,加大重点区域的组团式开发,形成中心城区与河谷组群、枣阳副中心联动发展、结构清晰的带状串珠式空间格局。

三是交通方面,构筑"襄十随"复合型省域干线运输走廊,成为促进中西部结合区域协调发展的全国性综合交通辅助枢纽。建设襄渝线—宁西线铁路货、武汉—西安客专、运十—十宜铁路,协调提升十堰市、随州市交通功能与作用。加快"一小时经济圈"交通互联互通发展,形成高速公路、国道、铁路、水运等多种方式相衔接的现代交通体系。

4. 三群:以宜昌市都市区为核心的"宜荆荆"联合协调区

明确"宜荆荆"联合协调区定位为:长江中游地区重要的区域性中心城市,全国著名的水电旅游名城,全省重要的石油化工、建材、纺织服装、家电、农产品加工基地。其中宜昌市西陵区、伍家岗区、点军区、猇亭区和枝江市等地区被列入重点开发区域。远安县、当阳市、宜都市属于国家层面农产品主产区,应被列入限制性开发与保护区域。夷陵区、秭归县、兴山县、五峰土家族自治县、长阳土家族自治县等区县应被列入三峡库区水土保持生态功能区,严格管控大规模、高强度的城镇化开发行为。

一是产业方面,通过区域合作,实现现代农业和深加工业、文化产业、旅游业资源共享和优势互补。包括大力发展装备制造、食品医药、电力等支柱产业,突破性发展新能源、电子信息、环保科技等战略性新兴产业,因地制宜发展生态文化旅游业。

二是空间方面,推进宜昌市、荆州市双城互联互通,重点建设宜昌市-荆州市组合都市区,发挥副中心城市宜昌市的带动作用。

三是交通方面,推进长荆铁路、引江济汉通航工程、万州区—宜昌市沿江铁路、武汉市—荆州市—宜昌市列车等城际交通建设及港口扩建,推进"宜荆荆"综合交通一体化衔接与合作,共同打造辐射鄂湘渝地区的全国性综合交通枢纽。

9.1.3　生产、生态空间协同保护

1. 一区：江汉平原核心保护区

作为江汉平原的主体部分,江汉平原核心保护区地貌以平原为主。该区的土地利用率和垦耕率较高,具有良好的生态农业优势和发展潜力。但存在耕地资源锐减、土地结构不尽合理、土地经营粗放、水土流失较严重、土地质量下降等问题。

该区以土地整治、提高耕地生产力与产出效益为协同目标。基于本区耕地种植、水产养殖的多宜性优势,开展综合性的农业区域协同开发,例如仙桃市的粮食生产、淡水养殖,天门市、荆州市监利县的棉花生产,荆州市洪湖市的特色野鸭养殖等。并且加强耕作相关配套设施建设,促进耕地有效产出。土地整治的重点是开展部分农村居民点迁并,补充耕地面积。同时建立基本农田保护制度,严格限制非农业功能占用基本农田空间,确保本区耕地总量动态平衡。

2. 两江：长江与汉江流域

长江与汉江流域地貌以平原与湖泊水系为主,土地的利用条件良好、利用程度高,水能储藏量较大,水力发电可开发资源较多。同时资源环境约束显著,存在较严重的水土流失等现象。

两江以土地污染治理、流域水土环境修复为协同目标。一是共建流域型生态廊道。加强武汉市与周边城市间流域绿楔的贯通一体化建设,构建以长江、汉江、汉北河、府澴河、溾水、倒水、举水等干流及诸多河流为主体的生态廊道。通过共同开展水域生态系统保护与修复,综合治理滨湖带、江河流域水土流失,合力构建保护与开发政策体系,协同管理河湖滨岸生态空间。二是以区域性重点湖泊与洲滩为生态核心,推动区内长湖地区、洪湖地区和漳河水库等的生态保护、协同修复与污染治理。以汉江为带,以丹江口水库为重点,加强水源涵养功能区保护与管理,加大对丹江口水库"引丹入襄"工程等重大工程的支持力度,确保南水北调中线的水质安全。

3. 四山：山体资源

山体资源包括大巴山脉、武陵山脉、大别山脉与幕阜山脉的部分山体,地

貌以丘陵与山地为主。森林覆盖率高,生态环境优美,水能、矿产、生物、旅游等资源丰富。目前土地利用不充分,利用潜力大。但是区内不适宜大规模城镇建设,且过度的毁林开荒、陡坡垦殖等容易造成生态环境恶化。

以土地多元利用、联动周边省份保障生态安全为协同目标。因地制宜,充分利用土地面积大、荒坡多的特点,大力绿化荒山,种植高光效农作物、温带果木等多种特色经营作物。与周边省份协同合作,共同维护山体林地的生态屏障功能。

其中,湖北省的神农架林区与毗邻的陕西省汉中市、重庆市协同保护大巴山林地、生物物种等生态资源;恩施州与接壤的重庆市、湖南省的张家界市与湘西土家族苗族自治州等共同维护武陵山的森林、水能资源等,并开展风景区的大旅游规划合作;黄冈市与邻近的安徽省六安市与安庆市、河南省信阳市协同开展大别山区生态系统、森林公园、自然保护区等管理工作;咸宁市与湖南省岳阳市、江西省九江市一同建设幕阜山国家级风景名胜区、自然保护区、地质公园等,以此发挥生态特色与优势,实现生态功能优化和特色化发展。

9.1.4　跨区域协同体制机制构建

1. 构建跨市联合治理实施机构

为充分调动地方政府的积极性,一是围绕湖北省沿长江带、武汉市大都市区、襄阳市都市区、宜昌市都市区等重点集聚区,确立城市联合治理委员会,推动各地方政府与周边城市的协同治理。委员会内部形成市级政府与县区级政府之间多部门合作关系并存的双层治理结构(聂晶鑫等,2018),通过定期举行联席会议、专题的方式行使职能。

二是针对空间、产业、交通、生态、基础设施、社会服务等领域,通过跨区域翔实行动计划来指导规划执行进程。包括设立行动计划的重大项目行动库,逐年分解到相关职能部门执行;成立重大项目的行动工作专班,以大专班加小专班的"1＋1＋N"工作体系为抓手,开展制定项目推进路线图、时间表与倒排工期、挂图作战等工作,定期汇总、交流和通报项目总体推进情况。

三是建立完善的机构运行政策,比如分类分级的空间管制政策、严格管理的生态保护政策、平衡分配的财务税务政策,在制度、程序、权限、资源等方面提供有利的外部环境,为完善多元主体、多层级、多领域的规划实施体系提供有效保障。

2. 制定跨区域政策保障制度

依据省域国土空间规划指南及其指导意见,一是提出分类分级的空间管制政策,对国土空间实施统一管理。将湖北省国土空间分为不同政策区,明确界定标准,提出各类空间的管治重点及考核指标,以此协调不同主体间的责任与利益。

二是提出针对性的生态保护政策。在国家相关政策法规的基础上,把生态保护绩效纳入湖北省各级政府的考核,针对河流湖泊保护、大气污染防治、耕地保护等生态治理重点方面提出有效对策(聂晶鑫等,2018)。

三是提出待遇匹配的社会服务政策,加强湖北省各城市在就业培训、社会保障等福利待遇方面的交流合作,在教育、医疗、文化设施方面建立统一的信息平台,共享基础服务信息,实行城市间社会服务"一卡通"制度等措施,使市民逐步享受同等待遇。

3. 加强跨区域绩效监督检查

为推进湖北省国土空间规划协同治理,一是建议建立湖北省国土空间规划数据库。依托武汉市原有的规划管理数据库,在6个关键领域选取若干关键指标,以"3S"系统为技术支撑建立共同数据库,为相关规划的开展提供技术支持。同时,动态监测规划实施与治理的过程,尤其是在空间一体化建设、设施对接、湖泊河流等生态环境保护等方面,根据监测到的发展现状调整既有规划措施。

二是建议对规划实施进程持续追踪,定期考核省域治理绩效,按年度编写规划实施报告。利用共同数据库阶段性地考核湖北省国土空间规划战略实施的各项工作的绩效,以多种指标综合评价的结果作为地方政府责任与义务一致性分配的重要参考。

三是建议在规划治理过程中引入上级政府与社会公众的共同监督。湖北省政府派专员担任规划实施监督员,协调各城市之间的发展与合作,并采取网络化治理的方式增加大众参与监督的机会,根据各市在规划执行中承担的任务量与表现,向治理委员会提交利益分配建议。

9.2 武汉城市圈经济产业韧性提升[①]

经济产业的稳定性、敏感性和应对性都会对城市与区域的经济韧性产生影响。当湖北省的稳定性水平较低时,要从调整产业结构与布局着手,促进经济总量的增长;当敏感性较高时,要从内外需平衡的角度,适当降低外贸依存度,降低对外部资源的依赖性;当应对性较低时,要从城镇化与固定资产投资的角度入手,提高整体城镇化水平,促进个体经济水平的提高,增加对区域固定资产的投入。针对湖北省表现出的不同程度的经济韧性,选择湖北省重点协同区域——武汉城市圈为研究对象,分别从三个空间层次——城市圈、协同次区域、城市单体提出城市圈重点地区的经济韧性应对措施。

9.2.1 构建"一核多强"的武汉城市圈

1. 产业结构转型,提高经济抵抗能力

产业结构转型是经济快速增长的基础,也是区域整体快速发展的保障。合理的产业结构既能降低第一产业对自然环境的依赖程度,也能优化城市群的产业格局,大大提高区域整体经济水平,进而实现财政收入及人均可支配收入的提高。

提升区域经济抵抗能力的关键在于区域产业结构的调整与优化,加快现代服务业等第三产业发展。产业结构的优化发展是提高经济效益和提升区域经济水平的重要条件。而第三产业的发展在一定程度上决定了区域整体经济的发展水平。因此,武汉城市圈首先要以现有的产业为基础,促进新兴产业的发展,利用新技术改造传统的产业,推进城市群产业结构向高端化发展。在保证经济稳步快速增长的同时,稳定区域发展的外贸依存度,在保证进出口量的同时,注重"以质取胜",实现效益最大化和对外部经济的依赖最小化,提高区

[①] 王静.中部地区城市群区域空间经济弹性评估与优化策略研究:以鄂豫湘三省为例[D].武汉:华中科技大学,2015.

域经济抵抗能力。

2. 推动"一极独大"向"一核多强"格局转变

武汉城市圈存在显著的武汉市"一极独大"现象，各城市发展的差异明显。武汉市极高的城市首位度导致其对周边资源、财力等的吸附作用远远超过其辐射带动作用。

在未来的发展中，要着眼于城市群整体，推进实施"区域均衡"发展战略。加快城市群各城市的现代服务业、生产性服务业、高附加值产业等第三产业的发展，提升港口在城市群的地位，以"长江经济带"建设为依托，发展沿江城市如荆门市、潜江市、黄石市、黄冈市、鄂州市、咸宁市等。同时，各城市要依据自身优势，寻找经济增长点，尤其是黄冈市、孝感市、天门市、仙桃市等，要加快转变现有的不合理经济结构，保证城市经济总量的增长，在此基础上寻找城市发展的创新点，从而推动武汉城市圈的区域发展格局从"一极独大"转向"一核多强"。

3. 打破跨区行政壁垒，加强跨区设施建设

区域经济发展是一个整体，要打破行政区划的壁垒，以武汉市为核心，实现对其他城市的带动与辐射功能。

通过健全核心城市与周边中小城市之间的重大交通与市政设施，促进城市群内部一般城市与核心城市间的流通与联系，减缓区域内各城市间经济发展的差异化程度的扩大。形成区域内物流、人流、货运三条通道，将产业链条向周边城市延伸，带动周边城市的经济发展。从而实现区域经济的规模效益、公共基础设施的共用以及公共资源的共享，促进区域经济一体化水平的进一步提高。

9.2.2 促进"武鄂黄黄"协同一体发展

1. 加快次区域连绵有序发展，形成区域产业密集区

黄石市、鄂州市、黄冈市均在武汉市半小时经济圈内，未来要以推进中观层面空间一体化为指导，通过抱团发展的模式强化功能区建设，实现区域经济的快速增长，降低城市敏感性，增强城市经济抵抗力，提升武汉城市圈次区域的经济韧性。

"武鄂黄黄"协同次区域是武汉城市圈内发展基础较好的城镇与经济密集区。产业与人口的集聚是次区域经济空间发展的基础，要充分发挥城镇密集区的作用，促进城镇密集区内部的联系与沟通，以区域内部的钢铁、生物工程、纺织业、建材业等支柱产业为依托，加快整体经济的快速增长，形成联系紧密的生产生活圈，推动基础设施、经济产业、生态空间的一体化发展。同时城市间要尽量避免内部竞争。在实现区域经济的快速发展基础上，保证区域内财政收入的稳步增长及固定资产投资的合理加大，从而增强"武鄂黄黄"区域空间经济韧性。

2. 加强自主创新示范区建设，推进核心区一体化进程

加快武汉市东湖国家自主创新示范区、黄石市经济技术开发区、鄂州市葛店经济技术开发区（简称葛店开发区）及黄冈市高新技术产业开发区共一个国家级和三个省级高新开发区的联动发展，保证区域经济的稳定性，带动周边城市的一体化进程，促进区域空间的经济韧性的提升。其中，武汉市东湖国家自主创新示范区以高新技术产业为重点，加强发展电子信息、生物医药及电子设备制造业。鄂州市继续加速传统工业的优化升级，努力培育光机电一体化等高新技术产业，向新型加工工业中心和新兴科教基地转变。黄石市经济技术开发区加快产业集聚，在产业结构优化的同时，实现产业发展的共兴共荣与经济总量的快速增长。

3. 稳定协同区域外贸依存，适应国家双循环新格局

"武鄂黄黄"地区经济的外贸依存度一直处于较高水平，说明区域融入国际经济市场的程度较高，但同时对国际市场形成了较高的依赖程度，受到国际经济冲击的风险比其他地区高。基于"国内大循环为主体、国内国际双循环相互促进"的新经济发展格局，"武鄂黄黄"区域要充分地发挥工业优势、消费优势与交通优势，综合"位、人、水、地、产"等优越条件，逐步改善出口商品的结构，降低对国际市场的依赖程度，保证产品档次和质量的提升，改变以劳动密集型和资源消耗型产品出口为主的现状，增强区域经济的抵抗能力。并且着力打通生产、分配、流通、消费各个环节，实现资源和能源的高效率使用，走技术价值含量高、原材料消耗少的发展之路，为经济提供更加可持续的发展动力。

9.2.3 发挥武汉市产业"核心带动"作用

1. 加快建设主导产业，打造全国影响力产业集群

武汉市作为武汉城市圈的核心城市、长江中游地区最大的中心城市，要发挥中心城市的龙头作用。

一是加快建设主导与优势产业，其中第二产业大力发展集成电路、光电子信息、汽车、大健康、数字、航空航天、智能制造、新能源与新材料，第三产业重点发展金融保险、科技服务、房地产和零售批发。

二是围绕国家先进制造业中心、国家创新中心、国家光电子产业化基地等建设，打造具有全国影响力的智能制造、信息技术、生命健康产业集群：依托光谷智能制造产业园，打造武汉市、孝感市、黄冈市的智能制造产业集群；依托武汉市现有的光电子信息产业优势以及武汉市高校资源和人才储备，打造武汉市、鄂州市、黄石市的信息技术产业集群；依托武汉市生物医药产业的先进水平以及科技人才优势，打造武汉市、鄂州市、黄石市、黄冈市新医药产业集群与先进制造基地。

2. 构建四大产业廊道，加快武汉与周边地区协同

武汉市要逐步改善"一极独大"的局面，依托武汉市大都市圈空间格局的规划和产业发展的需求，打造武孝物流制造走廊、武鄂黄黄创新制造及物流走廊、武仙先进制造走廊和武咸文化休闲走廊。促进武汉市与周边城市的合作与资源共享，带动周边城市共同发展。

武孝临空经济走廊依托武汉市临空副城，联动孝感市临空经济区，打造空港中心区，充分利用天河机场航空中心作用，重点发展物流、航空制造、空港加工业、新能源汽车、新材料等高新技术产业，构建武汉市—孝感市—汉川—应城产业集聚带。

武鄂黄黄创新制造及物流走廊依托武汉市东湖新技术开发区（简称东湖高新区）和葛店开发区。东湖高新区重点发展电子信息产业、生物医药、高端装备制造、节能环保、现代服务业等产业。葛店开发区对接光谷，形成经济轴线的延伸,直接承接智能制造产业园和未来科技城的光电子信息产业和制造业。总体形成了以光谷为中心,连接葛店区与鄂州市中心的光谷科创走廊。

武仙先进制造走廊依托武汉市汉阳沌口经济开发区,构建武汉市和仙桃市的产业发展廊道,重点发展农副产品加工、纺织服装、机械、建材等传统制造业。

武咸文化休闲走廊主要位于丘陵地区,依托梁子湖、斧头湖等几大淡水湖的自然资源优势以及历史悠久的温泉资源,重点发展休闲旅游业,构建武汉市到咸宁市的生态休闲廊道。

3. 共建新型产业园区,探索产业合作多元模式

探索产业园区多种类型的合作模式,推动武汉市与周边地区的产业园区共同建设,促进城市产业的优化发展与转型升级,实现产业园区在城市空间的合理布局,提高城市经济应对水平。

一是"园中园"模式,即"联合拿地、统一规划、联合建设、分割出让、统一配套、集中托管"的运营模式。这种模式能让企业集中、产业集聚,有效发挥产业链的优势。在"园中园"模式的指导下,通过落地一个项目,引进一个产业,发展成为一个增长极,把块状经济发展成为产业集群,优化产业结构和功能布局。武汉市的东湖高新区、汉阳沌口经济开发区可以积极探索发展"园中园"模式。

二是跨界合作园区。产业园区可在工业园、科技园的基础上,配套相应的商业、生活设施,探索园区加商业区的双驱动发展模式。通过这种创新的发展模式,整合行业的上下游资源,促使价值再生。武汉市可以与孝感市临空经济区、洪湖新滩工业园、鄂州市葛店红莲湖合作开发园区、咸宁市国家高新技术产业开发区共建跨界合作园区。

第 10 章 武汉市绿色发展路径

10.1 武汉市湖泊资源保护利用[①]

自然资源资产化管理是实现自然资源合理利用的必经途径之一,体现了城市自然资源价值评估的必要性。其中,湖泊资源是城市发展过程中的重要自然资源,与城市发展和规划关系密切。城市湖泊资源主要指位于城市建成区及其邻近非农化地区中的湖泊资源。

城市湖泊资源价值由自然资源价值概念引申而来,即城市中人类与自然资源相互作用及影响过程中对于城市与自然这个统一整体的共生、共存与共发展具有的积极作用和效果。

武汉市地处长江中游河湖冲积平原,古称"云梦泽",素有"百湖之市"的美誉,城市湖泊资源是其最具特色的自然资源和湿地生态系统,在城市发展中发挥着重要作用。

武汉市出台的地方性法规《武汉市湖泊保护条例》《武汉市中心城区湖泊"三线一路"保护规划》《武汉市新城区部分湖泊"三线一路"保护规划》等政策文件,无不体现出武汉市对于湖泊资源保护和合理利用开发的高度重视。

图 10.1 是武汉市中心城区的主要湖泊资源分布情况,表 10.1 为 2017 年武汉市中心城区湖泊面积及水质现状。

---

① 缪雯纬.城市湖泊资源价值评估与保护策略研究[D].武汉:华中科技大学,2019.

图 10.1　武汉市中心城区主要湖泊资源分布情况

（资料来源：基于 LandsatTM 遥感影像自绘）

表 10.1　2017 年武汉市中心城区湖泊面积及水质现状

序号	湖泊名称	2017 年湖泊面积（hm²）	2017 年水质功能类别	水质现状
1	西湖	4.97	Ⅳ类	Ⅳ类
2	北湖	9.58	Ⅳ类	Ⅴ类
3	鲩子湖	10.18	Ⅳ类	Ⅳ类
4	后襄河	4.74	Ⅳ类	Ⅲ类
5	菱角湖	9.39	Ⅳ类	Ⅳ类
6	小南湖	3.53	Ⅳ类	Ⅴ类
7	机器荡子湖	10.91	Ⅳ类	Ⅳ类
8	塔子湖	30.36	Ⅳ类	Ⅳ类
9	张毕湖	50.35	Ⅳ类	Ⅴ类

续表

序号	湖泊名称	2017年湖泊面积（hm²）	2017年水质功能类别	水质现状
10	竹叶海	17.04	Ⅳ类	Ⅲ类
11	莲花湖	7.57	Ⅳ类	Ⅴ类
12	紫阳湖	13.43	Ⅳ类	—
13	杨春湖	41.5	Ⅳ类	Ⅴ类
14	水果湖	11.79	Ⅳ类	Ⅳ类
15	晒湖	12.28	Ⅳ类	—
16	内沙湖	5.68	Ⅳ类	Ⅱ类
17	五加湖	8.9	Ⅳ类	Ⅴ类
18	四美塘	7.57	Ⅳ类	Ⅱ类
19	东湖	3317.89	Ⅲ类	Ⅲ类
20	墨水湖	343.8	Ⅳ类	劣Ⅴ类
21	月湖	65.28	Ⅳ类	Ⅳ类
22	三角湖	255.82	Ⅲ类	Ⅴ类
23	南太子湖	354.87	Ⅳ类	劣Ⅴ类
24	北太子湖	52.44	Ⅳ类	Ⅴ类
25	龙阳湖	141.81	Ⅲ类	劣Ⅴ类
26	南湖	788.24	Ⅳ类	劣Ⅴ类
27	青山北湖	191.81	Ⅴ类	劣Ⅴ类
28	金湖	758.61	Ⅳ类	Ⅳ类
29	银湖		Ⅳ类	Ⅳ类
30	沙湖	275.13	Ⅳ类	Ⅳ类
31	黄家湖	732.16	Ⅲ类	Ⅳ类
32	汤逊湖	4366.12	Ⅲ类	Ⅴ类
33	野芷湖	181.54	Ⅳ类	Ⅴ类
34	严东湖	835.38	Ⅲ类	Ⅲ类

续表

序号	湖泊名称	2017年湖泊面积(hm^2)	2017年水质功能类别	水质现状
35	青菱湖	710.67	Ⅲ类	Ⅴ类
36	野湖	237.01	Ⅳ类	Ⅳ类
37	严西湖	1414.07	Ⅲ类	Ⅲ类
38	车墩湖	102.49	Ⅳ类	Ⅲ类
39	竹子湖	56.13	Ⅲ类	Ⅲ类
40	青潭湖	63.23	—	Ⅳ类
合计		15504.27	—	—

10.1.1 湖泊资源价值评估框架

根据研究目的和研究地域不同，城市湖泊资源价值的评估指标体系和方法有所差异。目前，城市湖泊资源价值评估研究主要聚焦于资源的生态系统服务价值评估及其影响因素分析，且多针对单一湖泊进行估算分析。指标体系主要从城市湖泊资源的服务功能价值、经济学价值和自然资源受益主体三个角度进行划分。其中，从服务功能价值角度分为供给价值、调节价值、文化价值和支持价值；从经济学价值角度分为直接使用价值、间接使用价值和非使用价值；从自然资源受益主体角度分为生态价值、社会价值和经济价值。

基于此，从自然资源受益主体的角度出发，将城市湖泊资源价值分为生态价值、社会价值和经济价值，构建城市湖泊资源价值评估框架(图10.2、表10.2)。其中，城市湖泊资源的生态价值是指湖泊提供的无形的具有舒适性的服务价值，主要包括气体调节、气候调节、水文调节、水质净化、生物多样性保护价值；社会价值指湖泊资源为人类提供能够满足其精神文化需求的价值，包括休闲游憩、科研教育价值；经济价值分为直接经济价值和间接经济价值两部分，直接经济价值分为产品提供、涵养水源价值，间接经济价值为城市湖泊资源外溢影响周边用地的经济价值，本书将城市湖泊资源的外溢影响加入经济价值中作为湖泊的溢出效应价值。

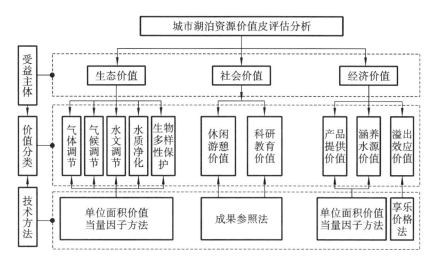

图 10.2　城市湖泊资源价值评估思路

表 10.2　城市湖泊资源价值评估指标体系

城市湖泊资源价值		指　标　含　义
生态价值	气体调节价值	城市湖泊资源拥有维持大气化学组分平衡的基本功能,可吸收二氧化硫、氟化物及氮氧化物等城市大气中的有害气体成分(谢高地等,2008)
	气候调节价值	城市湖泊资源可调节区域小气候,如增加降水量和降低气温
	水文调节价值	城市湖泊对于城市内洪水的调节起着至关重要的作用,可在发生洪水时调节水位、使洪水滞后,减少其带来的损失
	水质净化价值	城市湖泊具有良好的自净能力,通过其较强的代谢能力和恢复力达到去除水中的污染物的效果,维持了周边环境
	生物多样性保护价值	城市湖泊为水生动植物提供生长环境及资源,并为多种非水生动植物提供栖息基地
社会价值	休闲游憩价值	城市内湖泊、周边绿地建设及城市湖泊公园为城市居民提供风景观光、休闲运动、游玩放松的活动场所
	科研教育价值	城市湖泊资源的生物多样性丰富且价值高,为科学研究及科普教育等提供原始材料及实践基地

续表

城市湖泊资源价值		指标含义
经济价值	产品提供价值	城市湖泊资源为城市居民提供的物质产品所具备的经济价值
	涵养水源价值	内陆城市湖泊拥有大量的淡水资源,在干旱或者受灾后可为城市居民提供必需的生活用水
	溢出效应价值	溢出效应又称外部效应或外部影响,本节研究的是城市湖泊资源的经济溢出效应价值(简称溢出效应价值)

10.1.2　武汉市湖泊生态价值保护

1. 水文调节价值

城市湖泊资源蕴含着巨大的生态价值,在调蓄洪涝灾害中发挥着重要作用。特别对于武汉市这样拥有众多湖泊资源的沿江城市,湖泊资源作为天然的"海绵体",可通过湖泊水系空间管控,结合海绵城市建设措施发挥湖泊的防洪调蓄功能。

武汉市内环湖泊由于水文调节价值低于其溢出效用价值,调蓄需求较小,应重点考虑湖泊水位波动对湖泊生态群落建设和发展的影响,以及湖泊水位与陆域(滨湖用地)景观优美度,并将景观评价融入湖泊水位的确定过程中,最后合理确定生态景观水位。

武汉市中环及外环湖泊由于水文调节价值高于其他各项价值,应重点关注其调蓄能力,从城市防涝的角度确定其常水位及最高水位。常水位主要根据湖泊的调蓄能力大小确定,最高水位根据城市湖泊所在建设区域的竖向高程确定,并考虑预留超标暴雨储蓄空间。

2. 水质净化价值

城市湖泊水质越好,其对周边外溢经济价值越高。提高水环境质量不仅仅影响生态价值,也对社会、经济价值提升均有重要意义。因此,应找准污染成因,有针对性地识别污染源并治理污染。不同类型湖泊水质治理思路与措施如图10.3所示。

武汉市内环与中环湖泊的污染源主要为点源污染与面源污染。点源污染控制方面,应加强湖泊排口附近污水处理厂的扩建、污水系统管网的配套建设。面源污染控制方面,应在控制地表沉积物(城市垃圾、城市建筑施工堆积垃圾、车辆排放物等)的基础上,运用低影响开发技术(雨水花园、生态拦截沟、渗滤沟等)进行控制和修复,对于未来将纳入城市建成区的湖泊资源,在规划建设时应注意对湖泊周边生产、生活污水进行隔离。

武汉市外环湖泊的污染多为农业面源污染与内源污染。农业面源污染控制方面,建议改变周边不合理的农业种植结构,并减少化肥农药的使用。内源污染控制方面,建议退渔还湖或者降低水产养殖强度,以减小湖泊生态负担、改善湖泊水质。

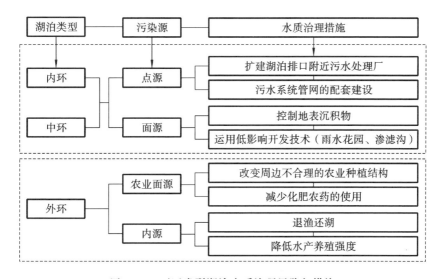

图 10.3　不同类型湖泊水质治理思路与措施

3. 生物多样性保护价值

武汉市内环湖泊现状多为硬质驳岸,岸线平直,生物多样性较差,应重点考虑其景观功能。可在整治驳岸的基础上,提高岸线曲折度,增加水生植物种植,使得驳岸软化,从而提高生物多样性。

对于武汉市中环湖泊,应考虑景观和生态双重功能。尽可能保持湖泊自然生态岸线,并种植当地乡土树种,提高岸线植被覆盖率与生物多样性。

对于武汉市外环湖泊,应重点关注其生态净化功能。维护湖泊自然岸线,增加乔木植物,使水生、湿生、陆生动植物群落过渡平缓,体现自然演替的规律,最大可能地维持湖泊周边的生物多样性。同时应注意平衡水生、湿生植物的生长,避免其过度泛滥导致外来物种入侵。

10.1.3　武汉市湖泊社会价值挖掘

1. 休闲游憩价值

武汉市众多的湖泊资源使其得到"江城""百湖之市"等美称,而湖泊文化是武汉市水文化中的典型的特色文化符号,因此应充分挖掘湖泊资源传统水文化,并通过景观规划设计进行传承创新。

通过对历史纸质资料及电子文件的查询,收集整理湖泊的起源史、过程及现状,包括武汉市 166 个湖泊的历史名称、历史形态、灾害情况、抗洪记录等,形成湖泊历史文化资料库;对水文化设施划定保护范围,并积极拓展湖泊文化活动形式,在滨湖区域结合历史故事还原历史情景,配套相关休闲游憩设施,形成集休闲、人文、观赏于一体的历史人文景点。

2. 科研教育价值

为营造城湖和谐的氛围,塑造"重水、亲湖、爱湖、城湖和谐"的湖泊文化,应将湖泊生态文明建设放在重要位置,加强湖泊文化教育、水生态文明理念宣传等工作,提高保护湖泊的社会意识与公众参与程度。

采用多种途径对湖泊文化进行宣传,如湖泊公园主题景观、社区宣传栏、公共电子屏播放湖泊文化的纪录片或微电影等形式。同时,在湖泊周边规划建设水科普或水生态基地,对于中小学生可每学期展开水生态文明教育工作,对于武汉市众多的高校在校师生,该类水生态基地可为他们提供科研材料和实践基地。此外,鼓励公众参与到湖泊保护监管中,基于"互联网+湖泊"思路,推出"智慧湖泊"手机软件作为综合管理平台,提供公众监管反馈功能,借助公众力量实时反映湖泊生态环境变化,从而提高城市湖泊资源保护效率。

10.1.4　武汉市湖泊经济价值提升

1. 涵养水源价值

城市湖泊资源为城市居民生产生活等社会经济活动提供了重要的淡水资

源,缓解了大城市水资源短缺问题。可通过对湖泊水资源的合理利用来提升其涵养水源的价值。

具体策略包括确定水资源开发利用红线,制定湖泊水资源总量指标体系,严格按照水资源利用上限进行总量控制。同时加强城市内居民节约用水、爱护环境的意识。此外,提高水资源再利用量,以实现水资源的高质量利用。

2. 溢出效应价值

城市内环湖泊资源保护与湖泊周边空间用地规划紧密相关。湖泊溢出效应价值呈现出由中心向外递减的规律,说明位于内环和中环的湖泊对周边的溢出效应影响高于外环湖泊,更应注重滨湖地区的规划建设及湖泊周边用地有效配置。从保护生态价值出发,以提升社会经济价值为目标,对内环、中环及外环三类湖泊周边用地模式提出综合优化保护策略。

从内环湖泊的周边用地现状模式(图 10.4 左)可以看出,周边绿地较完整且规整,用地类型较丰富,主要为商业服务业设施用地、公共管理与公共服务设施用地和居住用地,但其绿地宽度较窄。

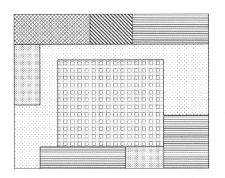 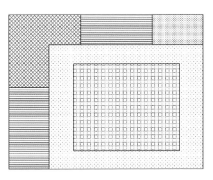

图 10.4　内环湖泊周边用地现状模式(左)与优化模式(右)

基于湖泊生态保护及溢出效应价值提升角度对内环湖泊周边用地模式进行优化(图 10.4 右),设置 6~8 米宽的环湖步行道,绿线与湖泊蓝线距离不小于 50 米,对周边的商业服务业设施用地、公共管理与公共服务设施用地、居住用地进行规整合并,在保护生态价值的前提下,提升内环湖泊对于周边用地的溢出效应价值。

从中环湖泊的周边用地现状模式(图 10.5 左)可以看出,周边绿地不完善,绿线划分不合理,且无环湖步行道存在。周边用地主要为居住用地、公共管理与公共服务设施用地,且分布较为分散。

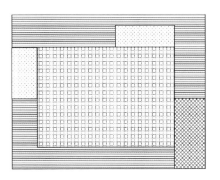 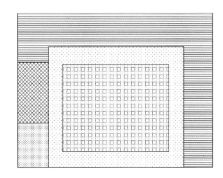

▓ 湖泊水体　▢ 绿地　▤ 居住用地　▨ 工业用地
▦ 商业服务业设施用地　▩ 公共管理与公共服务设施用地

图 10.5　中环湖泊周边用地现状模式(左)与优化模式(右)

优化中环湖泊周边用地配置(图 10.5 右),设置 6～8 米宽的环湖步行道,绿线与蓝线距离不小于 50 米,采用人工生态或自然岸线,在绿线范围内建设公园绿地,并整合周边分散的居住用地,配置部分商业服务业设施用地、公共管理与公共服务设施用地。

从外环湖泊的周边用地现状模式(图 10.6 左)可以看出,周边建设用地类型较内环湖泊少,主要为绿地、居住用地、公共管理与公共服务设施用地,未划定绿线范围且无环湖步行道。

优化城市外环湖泊周边用地配置(图 10.6 右),绿线与蓝线距离不小于 200 米,设置 6～8 米宽的环湖步行道,在绿线范围内建设城市景观公园或郊野公园,保留周边自然农林用地,绿线外配置少量居住用地、公共管理与公共服务设施用地。

城市湖泊面积越大,其对周边溢出效应价值越高。因此应合理划定湖泊蓝线,严控湖泊岸线,并对不同类型湖泊进行驳岸(岸线)规划(图 10.7)。

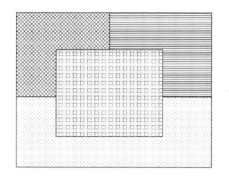
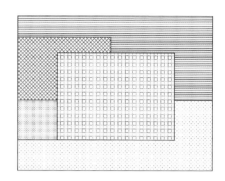

| 湖泊水体 | 绿地 | 居住用地 | 工业用地 |
| 商业服务业设施用地 | 公共管理与公共服务设施用地 |

图 10.6 外环湖泊周边用地现状模式(左)与优化模式(右)

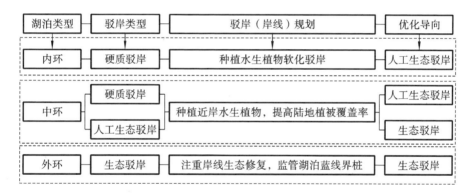

图 10.7 不同类型湖泊驳岸(岸线)规划思路与措施

城市内环湖泊周边因建设需求,曾为防止坍塌提倡岸线固化,导致岸线曲折度较大,且多为硬质驳岸。因此应对内环湖泊进行驳岸规划,通过增加种植近岸水生植物及提高陆地植被覆盖率,将人工驳岸向人工生态驳岸转化。

城市中环湖泊驳岸分为两类:一类为城市建成区内湖泊驳岸,多为硬质驳岸,应进行驳岸整治规划;一类为城市建成区边缘的湖泊驳岸,多为人工生态驳岸,可通过增加种植近岸水生植物及提高陆地植被覆盖率来向生态驳岸转化。

城市外环湖泊岸线多为自然岸线,陆地与水体间过渡平缓,应注重岸线生态修复,定期通过人工及遥感卫星影像核查方式对湖泊蓝线界桩进行监管,从而控制湖泊大小及形态。

10.2 武汉市可持续发展示范区规划

国务院为响应 2015 年联合国可持续发展峰会通过的《2030 年可持续发展议程》,于 2016 年出台了《中国落实 2030 年可持续发展议程创新示范区建设方案》。该方案提出将开展国家可持续发展议程创新示范区建设。2018 年国务院正式批复深圳市、太原市、桂林市分别以创新引领大型城市的可持续发展、资源型城市的转型升级、景观资源的可持续利用为主题,建设国家可持续发展议程创新示范区。2019 年国务院批复郴州市、临沧市、承德市分别以水资源可持续利用与绿色发展、边疆多民族欠发达地区创新驱动发展、城市群水源涵养功能区可持续发展为主题,建设国家可持续发展议程创新示范区。

目前湖北省拥有 12 个国家级和 9 个省级可持续发展实验区,具备建设可持续发展示范区的基础。2017 年湖北省人民政府办公厅印发《湖北省促进中部地区崛起"十三五"规划实施方案》,明确提出"加快全国重要先进制造业中心建设,着力构建现代产业新体系"的重点任务。2021 年印发的《湖北省国民经济和社会发展第十四个五年规划和二〇三五年远景目标纲要》提出加强建设科技强省与区域创新体系,加快突破核心技术。在此背景下,结合科技创新和社会发展融合、科技创新驱动经济发展的理念,明确湖北省建设可持续发展议程创新示范区的特色与主题是要重点探索的内容。

10.2.1 省域可持续发展示范区建设的现状条件评估

1. 评估指标体系

依据世界可持续发展议程创新示范区的建设领域与绿色发展的基本内涵,遵循科学性、系统性、可获得性和有效性原则,提出湖北省建设可持续发议程创新示范区条件评估指标体系(表 10.3),包括创新经济、社会包容和环境提升三大方面,共 6 类二级指标、24 类三级指标。指标数据来源于 2018 年中国城市统计年鉴、湖北省统计年鉴、中国城市建设统计年鉴、各城市统计年鉴、各城市国民经济与社会发展统计公报、各城市环境质量公报、各城市官方网站数据等。

表 10.3 湖北省建设可持续发展议程创新示范区条件评估指标体系

目标层（权重）	领域层（权重）	指标层	权重	单位（正负向）
创新经济(0.620021)	经济基础(0.110827)	人均 GDP	0.041764	元（＋）
		社会劳动生产率	0.055992	％（＋）
		三产增加值占 GDP 比重	0.003381	％（＋）
		居民人均可支配收入	0.009690	元（＋）
	技术创新(0.889173)	高新技术产业增加值占工业增加值的比重	0.037308	％（＋）
		R&D 内部经费支出	0.297612	万元（＋）
		每万人发明专利授权量	0.432103	件（＋）
		科技活动人员占常住人口比重	0.122150	％（＋）
社会包容(0.226993)	城乡一体(0.111706)	常住人口城镇化率	0.012102	％（＋）
		城乡收入比	0.014612	％（－）
		城镇登记失业率	0.064511	％（－）
		人均住房建筑面积	0.020481	m²（＋）
	医疗教育(0.888294)	万人拥有医生数	0.013860	人（＋）
		万人拥有病床数	0.021562	张（＋）
		万人高校学生人数	0.711244	人（＋）
		教育经费占 GDP 的比重	0.141628	％（＋）

续表

目标层（权重）	领域层（权重）	指标层	权重	单位（正负向）
环境提升 (0.152986)	环境质量 (0.684033)	亿元 GDP 工业废水排放量	0.644544	万吨（－）
		城市环境空气质量优良天数	0.006187	天（＋）
		建成区绿化覆盖率	0.011681	%（＋）
		人均公园绿地面积	0.021621	m²（＋）
	资源环保 (0.315967)	节能环保支出比重	0.182955	%（＋）
		城镇生活垃圾无害化处理率	0.000115	%（＋）
		城镇生活污水集中处理率	0.000807	%（＋）
		工业固体废物综合利用率	0.132090	%（＋）

2. 评估模型构建

由于条件评估指标体系中的若干指标有正向的亦有逆向的，为使各指标具有可比性，运用均值化的方法对原始数据进行无量纲化处理，具体公式如下：

$$x'_{ij} = \frac{x_{ij}}{\bar{x}_j} \tag{10.1}$$

其中，x_{ij} 为第 i 个评价对象第 j 项指标值，x'_{ij} 为 x_{ij} 标准化后的值，$\bar{x}_j$ 为第 j 项指标值的均值。

主观赋值法与客观赋值法是综合指标评价的主要方法，由于主观赋值法易受人为主观因素的影响，所以对每一个指标进行客观赋权。本书选用熵值法，根据熵值的大小，即各项指标的变异程度对所选指标的权重进行计算，计算结果见表 10.3。

采用综合评价模型的方法，对创新经济、社会包容、环境提升指数进行评价，进而综合计算得到可持续发展议程创新示范区建设条件评价结果，计算公式如下：

$$S_p = \sum_{j=m}^{i=n} a_i x'_{ij} \tag{10.2}$$

$$\text{SAID} = \sum_{p=1}^{3} a_p S_p \tag{10.3}$$

其中，$S_p(p=1,2,3)$ 分别是创新经济、社会包容、环境提升指数，a_i 是第 i 项指标的权重，a_p 为各分项指标权重。

3. 评估结果分析

由分领域评估结果(图 10.8)可知，各城市建设可持续发展议程创新示范区的优势领域各异。在创新经济方面，武汉市、宜昌市、襄阳市的经济基础与技术创新水平较高，荆门市、黄石市、孝感市、十堰市创新经济条件一般；在社会包容方面，武汉市、荆州市、黄石市、恩施州的医疗教育水平较高，且城乡发展较均衡；在环境提升方面，恩施州、随州市、十堰市的环境质量及资源利用效率较高，而荆州市和孝感市的生态环境水平为建设可持续发展议程创新示范区的短板。

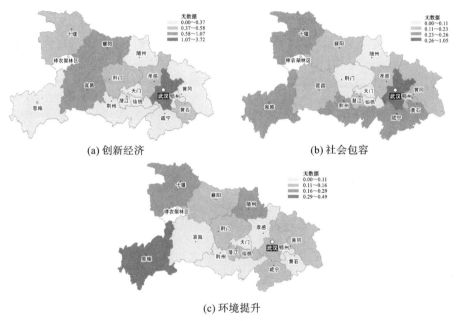

图 10.8　湖北省建设可持续发展议程创新示范区分领域评估结果

[审图号：鄂 S(2022)011 号]

进一步将湖北省建设可持续发展议程创新示范区的各分项指标作为聚类变量进行分析，各分项指标可将湖北省内城市分为条件一般、良好、优越三类，分别对应 1、2、3 级，具体结果如图 10.9 所示。建设条件评估中，从综合结果、创新经济及社会包容的聚类分析结果可看出，武汉市属于建设可持续发展议程创新示范区条件优越城市,宜昌市和襄阳市的建设示范区综合条件及创新经济条件位居武汉市之后,省内沿江城市的城乡一体化发展及医疗教育条件良好;从环境提升聚类分析结果可知,恩施州、十堰市、随州市的环境质量优越,天门市、孝感市、宜昌市、荆州市、鄂州市、黄石市的生态环境质量有待提高。

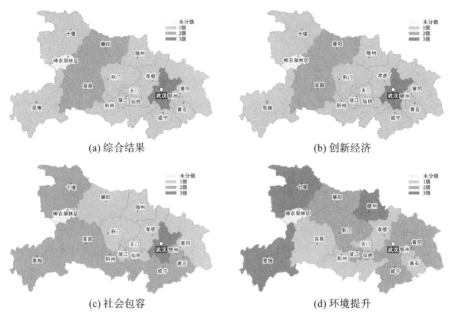

图 10.9　湖北省建设可持续发展议程创新示范区条件评估聚类分析结果

[审图号:鄂 S(2022)011 号]

结合现状条件评估结果、国家和湖北省政策规划,建议省会武汉市建设以科技教育驱动可持续发展为主题的可持续发展议程创新示范区。分析湖北省建设可持续发展议程创新示范区的条件评估结果及路径,建议武汉市发展科教创新型可持续发展议程创新示范区。从优势与瓶颈、建设思路与重点、政策与建议三个方面提出相应对策。

10.2.2　武汉市可持续发展示范区建设的优势与瓶颈

1. 经济发展水平良好,但高新产业推动力不足

武汉市在中部崛起战略中拥有不可撼动的地位。改革开放以来,武汉市

经济飞速发展,地区生产总值长期居中部地区省会城市首位。良好的经济发展水平为创新示范区的建设提供了基础。在经济发展过程中武汉市未充分发挥科技创新优势,致使科技成果转化率低、本地贡献率不足,近年来高新技术产业增加值占 GDP 比重增速减缓且有下降的趋势。

2. 科研教育资源丰富,但高层次创新人才缺失

武汉市作为中国重要的科研教育基地、全面创新改革试验区、全国三大智力密集区之一,科教资源丰富,普通高校及在校大学生数量均居全国前列。丰富的科教资源为创新示范区建设提供了强大的支撑。武汉市每年虽培育出大批高校毕业生,但留汉就业比例低、人才流失严重,致使人才存在结构失衡、配置不合理等问题,高素质、高水平创新型人才的缺失制约了经济社会的发展。

3. 社会治理现代高效,但公共服务设施待完善

武汉市的创新社会治理模式已经形成了可推广的"武汉市经验"。针对老旧社区脏乱差、居民幸福感不强、存在安全隐患等问题,创新齐抓共建组织体系、创新联动共治工作格局、创新集成共用的智慧平台,致力于提升市域社会治理现代化水平,为创新示范区的建设提供社会保障。但城市规模发展迅速导致基础设施建设与公共服务资源滞后于经济发展,人口拥挤、住房紧张、交通拥堵等现象严重,应对突发公共卫生事件的能力较弱,对城市的可持续发展与市民生活质量的提升造成了严重影响。

4. 生态资源优势突出,但水资源保护力度不足

武汉市河流、湖泊、湿地资源丰富,人均地表水量、湖泊水面面积均居中国所有城市首位,滨江滨湖的水域生态环境极具特色,拥有 6 个国家湿地公园,湿地资源居全球内陆特大城市前三位。独特的生态资源为创新示范区的建设提供了资源保障。然而,随着城市建设的发展,湖泊水域遭受侵蚀、面积不断缩小,水环境问题较为突出、水质污染严重,湖水多处于富营养化的不良状态,对水资源的保护力度不足。

5. 建设经验基础雄厚,政策支持力度强劲

武汉市可持续发展意识强,示范区建设经验丰富、政策支持力度大。目前武汉市拥有两个国家级可持续发展实验区(江岸国家可持续发展先进示范区、汉阳国家可持续发展实验区),其中江岸先进示范区是湖北省唯一的先进示范区,该区自被批准以来高标准完成各项示范工程,并结合新形势探索出了可持续发展的江岸模式。国家政策大力支持武汉市发展科教创新型城市,2019年国务院办公厅印发的《关于推广第二批支持创新相关改革举措的通知》提出将在武汉市推广第二批支持创新相关举措,从知识产权保护、科技成果转化激励、科技金融创新、管理体系创新等方面先行先试、大胆创新。相关政策支持武汉市建设国家会展中心城市和中国软件名城,深化服务贸易创新发展试点,创建综合性国家科学中心,规划建设"光谷科技创新大走廊"。未来武汉市将进一步大力推进建设中国唯一的"全国高水平科技创新中心"。

10.2.3　武汉市可持续发展示范区建设的思路与重点

1. 聚焦经济驱动的发展主题,明确建设目标与优势

经济作为驱动社会发展的重要主动力,是建设示范区的重要保障。在此基础上,坚持目标导向,聚焦自身经济实力以及中部核心城市的发展优势,并挖掘自身科技教育的独到之处,一方面实现创新人才体制建设,另一方面继续增加科技创新财政支出,形成全社会认可人才、尊重科技、尝试创新的发展氛围,建设以科技教育为核心的示范区样板,为全国同类问题的解决提供借鉴,最终实现2030年可持续发展的目标。

2. 把握社会治理的发展态势,提升总体容量与质量

在明确发展目标和优势后,应尽快把握保持社会治理的发展态势,进而推动全社会的可持续发展。社会治理是由静态管理向动态治理的复杂转变,针对武汉市而言,应从国际和国内不同城市的社会治理中,迅速推敲并建立适合武汉市和湖北省的治理思路,实现社会治理的效果由治标式向标本兼治方向发展,同时由单一实体空间转向实体社会与虚拟空间并重,不断把握社会治理的新态势,才能进一步促进社会公平与开放包容,并最终实现社会的扩容和提质。

3. 锁定生态韧性的发展瓶颈,尽快摆脱困局与障碍

坚持问题导向,是国家创建可持续发展议程创新示范区的主要原则,也是国家针对不同功能区设置不同发展示范区的主要目的之一。武汉市的发展瓶颈问题,也是我国其他地区面临的发展困境。解决好武汉市科技教育推动力不足、人才流失、转化率低、分布不均等发展瓶颈,既是武汉市现阶段的发展重点,也是建设示范区的发展重点。针对这一共性且具特征性的问题,须协同社会多方力量,发挥多种专业领域优势,锁定可持续发展瓶颈,尽快摆脱困局与障碍。

10.2.4 武汉市可持续发展示范区建设的政策与建议

1. 坚持创新经济,转变经济可持续发展方式

武汉市的创新示范区建设具备良好的经济基础,然而与"北上广深"等城市相比,仍要加快转变经济发展方式。其中经济发展模式和方式的创新不仅是未来经济发展的重要推力,也是响应建设创新型国家的重要举措,还是实现武汉市经济可持续发展的重要内容。未来武汉市要进一步推动智能、绿色等新兴产业,突破关键技术,培育新业态、新模式,只有经济发展推动力可持续提升,才能够切实保障示范区的快速发展。

2. 新基建新服务,进一步推动科技成果转化

新一代信息基础设施、新能源基础设施等为代表的新型基础设施建设,是国家和城市为新一轮经济腾飞做的全新准备。武汉市在新一轮经济发展中,应充分发挥自身科技供给端的优势,尽快推动5G网络设施、云计算平台、大数据平台、工业互联网等新基建和新服务的发展和落地,并通过"一业带百业"的产业发展,进一步激发经济内生动力。在未来新一轮的发展变革中,武汉市应借助制度政策优势以及自身科技水平的发展优势,实现可持续发展示范区的积极作用。

3. 协同多方力量,建设可持续发展社会环境

推进广泛合作,协同多方力量,关注全社会的发展诉求。融合政府、企业、社会与群众的力量,即城市多层政府之间纵向合作和横向协同,以及与企业利益相关者、技术理性服务者和社会群众之间全面合作,营造全社会共建共享的可持续发展良好环境,推进武汉市实现可持续发展的创新示范,最终实现经济和谐发展、稳定发展、公平发展。

4. 改革顶层规划,完善可持续发展社会治理

继续深化改革顶层规划的发展模式,加快转变"大包大揽"的发展模式。改革总体规划和经济体制发展,不断探索武汉市全社会发展的内生动能。改变社会治理的一元模式,尊重经济发展的客观规律,完善社会市场经济体制和社会法制体制,为可持续发展示范效用提供强有力的保障作用。

5. 保护生态环境,建设大河流域可持续文明

在生态文明建设的新时代背景下,长江经济带作为国家三大发展战略之一,生态环境质量是未来可持续建设的重要基础。武汉市作为长江大河流域的重要节点城市,其生态环境的发展质量是实现可持续发展的重要环节。面对当前长江大保护的发展趋势,应重点加快污染防治攻坚、生态环境质量提升、绿色产业转型、生态环境安全防控,实现大河流域文明的历史文化与生态环境的可持续发展。

10.3　武汉市沿长江段生态安全保障[①]

武汉市作为长江经济带与长江中游城市群的核心城市,将生态优先理念摆在第一位,特别是在 2000—2018 年间,更因为重视长江生态环境的保护与修复工作,出台了《武汉市人民政府关于共抓长江大保护的实施意见》《武汉市长江保护修复攻坚战工作方案》等文件,开展武汉市长江大保护滨江带空间规划,做好水利规划、水资源管理、水生态环境保护修复、水旱灾害防御、水行政执法监督等方面的工作,不断推动武汉市沿长江段生态修复、环境保护与绿色发展。

尽管目前取得了显著的生态保护成效,武汉市沿长江段的生态环境仍存在待解决的问题。一是沿江工业污染问题难以根除,对高污染企业的全面"关、改、搬、转"难度高;二是固体废弃物、生活污水等未经处置的排放造成的

[①] 2019 年《武汉市长江大保护滨江带空间规划》专题:滨江城市"一江两岸"保护与发展模式类型专题研究

水体污染,使水体一度富营养化,水环境的恶化改变了生物生存环境,进一步危害沿江流域生物多样性;三是武汉市河段航道资源优渥,密集的船舶活动对底栖生物、鱼类等水生生物栖息地造成一定的破坏,以及未来滨江滨湖地区的旅游开发、航运的高速发展与生态安全之间的矛盾。

10.3.1 生态环境评估思路

本节从生态服务功能、生态空间格局、生态空间安全三个方面开展武汉市沿长江段的生态环境评估,认识武汉市沿长江段的生态安全保护现状,进而构建沿江生态格局、提出相应规划策略。研究范围与分区划定如图10.10所示,将武汉市沿长江段划分为主城区、新城区与郊野区。

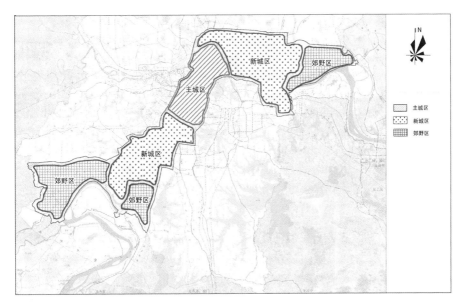

图10.10 武汉市沿长江段生态保护研究范围与分区划定

(1) 生态服务功能指生态系统和生态过程中为人类生存和发展的需求所能提供的生态服务,包括物质产品和自然环境效用。生态服务主要有调节、提供、支持三类。其中,"调节"指生态系统通过改善气候、净化环境等调节自然环境的功能,"提供"指生态系统的食物、生产原料和能源等物质提供功能,"支持"指生态系统为生物提供繁衍生息地的功能。此外,生态服务功能还包括文化功能,指生态环境为人类提供休闲场所和美学景观的功能。

(2) 生态空间格局指由景观中某些关键元素、局部、空间位置及其联系所共同构成的某种生态系统空间格局。该格局对特定地区的某种生态过程的保持或维护具有关键意义。典型的生态保护安全格局由生态源地、廊道、缓冲区和斑块等组成(俞孔坚,1999)。生态安全格局的构建实质是通过控制和调配这些关键空间,保护和恢复地区生物多样性,维持生态系统运作的完整性和稳定性,从而有效保障区域生态安全并改善环境问题(Xu等,2015)。

(3) 生态空间安全主要由自然生态安全、经济生态安全和社会生态安全组成,可被理解为复合的人工生态安全系统。重点关注人的生活、健康、安乐、基本权利、生活保障来源、必要资源、社会秩序和人类适应环境变化的能力等方面(王丽娜等,2020)。目前,学者们主要从总体层面、分要素(水、耕地、林地等)层面进行生态空间安全评估。在总体层面,将自然、经济、社会一般性指标纳入评估体系;在分要素层面,从要素特征出发,选取的指标针对性较强,对具有典型生态要素的区域更为适用。

10.3.2 沿江生态环境评估

1. 生态服务功能评估

生态服务功能的主要评估方法有直接市场价值法、条件价值法、物质量评价法、能值分析法等,通过指标体系构建与指标选取,对生态服务功能进行测度,指标的选取要能直观反映生态系统各项功能的重要性。

构建生态服务功能评价指标体系(表10.4),主要考虑生态系统的调节、提供与支持功能,调节功能包括干扰调节、气候调节和净化水体功能,分别采取水源涵养量、碳储量与营养物滤除量作为指标;提供功能主要指各种物质生产功能,采用物质产品价值作为指标;支持功能包括土壤保持、生物多样性维持功能,采取土壤保持量与生境质量系数作为指标。

表 10.4 生态服务功能评价指标体系

功能类型		功能测度		技术方法
一类	二类	指标	具体描述	
调节功能	干扰调节功能	水源涵养量	基于降雨量与增发量的差值测度不同土地类型水源涵养功能并计算	水量平衡方程
	气候调节功能	碳储量	测度不同类型土地的碳储存能力,固碳量越大,表明对气候调节作用越强	InVEST 碳储存模型
	净化水体功能	营养物滤除量	测度植被和土壤对径流中营养物的滤除量,滤除量越大,对水体的净化调节功能越强	InVEST 营养物输送比率模型
提供功能	物质生产功能	物质产品价值	测度人类食用或使用的动植物、水源、建造原材料等流入市场的价值,价格越高,生产功能越强	市场价值法
支持功能	土壤保持功能	土壤保持量	测度生态系统通过其结构与过程减少由于水蚀所导致的土壤侵蚀作用,值越高,土壤保持功能越强	InVEST 土壤流失方程
	生物多样性维持	生境质量系数	通过生境质量间接测度生物多样性,生境质量越好,生物多样性越高	InVEST 生物多样性模块

2009、2013、2016 年武汉市沿长江段用地类型变化如图 10.11 所示。从总体层面来看,2009—2016 年间,武汉市沿长江段的耕地、园地、林地、草地、水域五类生态要素均呈现不同幅度减少状态,与之相关联的干扰调节、气候调节、净化水体、物质生产、土壤保持、生物多样性维持等生态(服务)功能均降低。从功能层面来看,气候调节能力下降显著,耕地减少 42.5 公顷、林地减少 6.7 公顷,导致区域碳储存能力降低,气候调节能力变弱。净化水体能力下降,共计 50.7 公顷耕地、园地、林地、草地转化为城镇用地中的硬质铺地,富含植被、土壤的用地类型减少使植被和土壤对径流中营养物的滤除量大大减弱,净化水体能力大大降低。

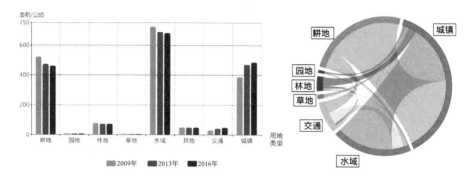

图 10.11　2009、2013、2016 年武汉市沿长江段用地类型变化

2. 生态空间格局评估

武汉市沿长江段的生态空间格局评估思路有两个层级(图 10.12):全局分析和分要素分析。全局分析包括总体生态格局、绿地生态格局与水体生态格局分析,突出武汉市沿长江段绿色空间与滨水空间的重要性。分要素分析则是针对某一类生态景观要素进行分析,包括耕地、林地、草地、园地要素等。

在此基础上,针对规划区特点,选择 FRAGSTATS 软件里具有特征性、普遍性的指标进行分析,涉及面积与密度、形状指数、聚散性、多样性等,生态空间格局测度指标见表 10.5。

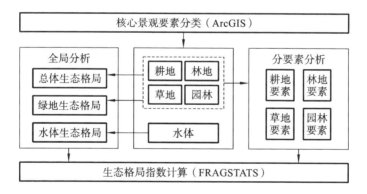

图 10.12　武汉市沿长江段生态空间格局评估思路

表 10.5 生态空间格局测度指标

指标类别	具体指标	指标含义
面积与密度	斑块面积(TA)	斑块面积的总和
	斑块密度(PD)	斑块在空间上的分布状态,值越大,表示区域内斑块分布越密集
形状指数	分维数(FRAC)	斑块形状的复杂程度,分维数越趋近于1,斑块形状越简单;越趋近于2,斑块形状越复杂
聚散性	聚集度(AI)	不同斑块间的聚集程度,值越大,表明所对应的景观斑块空间分布越聚集
	分离度(SPLIT)	不同斑块间的分离程度,值越大,表明所对应的景观斑块空间分布越离散
	破碎度(DIVISION)	景观要素在自然或人为干扰的活动下,由单一连续整体趋向于复杂不连续的斑块的过程,值越大,表明斑块分布越破碎
多样性(仅限全局分析)	香农多样性指数(SHDI)	景观类型的多少和各景观类型所占比例变化

2016年生态空间格局各指数空间分布如图10.13所示。从全局分析结果来看,一是武汉市沿长江段的生态斑块密度逐年增加,人类活动干扰增强,农林用地分割破碎程度显著。2009—2016年间武汉市沿长江段的非建设用地斑块面积减少17829.95公顷;非建设用地斑块密度逐渐增加,其中农林用地增加34.3%,水域增加6.7%,说明人类活动对农林用地干扰显著,破碎度不断加深。

二是人类活动对水域岸线的侵蚀大于农林用地边界。2009—2016年间,分维数均低于1.33,且不断降低。表明斑块形状趋于简单化,人为干扰程度愈发显著。其中,农林用地斑块形状比水域更为简单,表明人类活动对农林用地的影响大于水域。

三是武汉市沿长江段的生态用地斑块极为破碎,非核心区破碎度显著且逐年递增。2009—2016年间武汉市的长江沿岸非建设用地斑块的破碎程度随时间变化而加剧。2009—2016年间,绿地破碎度约0.99,趋近于1,说明生态用地斑块分布极为破碎;水域破碎度由0.34上升至0.39,斑块完整度相对较高,但呈现逐年破碎趋势。

四是武汉市沿长江段的土地利用的多样性递增,非核心区斑块较核心区更为丰富。2009—2016年间非建设用地香农多样性指数增加,说明用地类型逐渐丰富,其中,非核心区斑块多样性远远高于核心区。

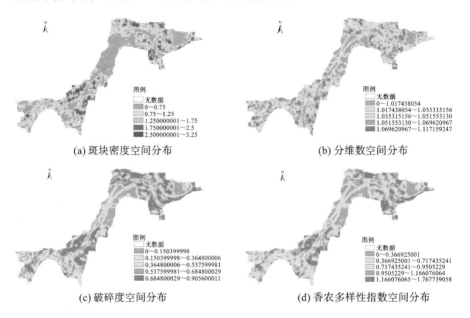

(a) 斑块密度空间分布　　　　　　　(b) 分维数空间分布

(c) 破碎度空间分布　　　　　　　　(d) 香农多样性指数空间分布

图10.13　2016年生态空间格局各指数空间分布

从分要素分析结果来看,四类生态景观要素受干扰程度逐年增加,耕地变化趋势最为显著。其中,耕地、林地、草地、园地四类用地的破碎度指数均趋近或等于1,表明其破碎化程度极高;分离度逐年增加,聚集度逐年递减,说明四类用地的斑块分布都更为分散。因此,四类生态景观要素都表现出受干扰程度加剧的演化特征,生态系统趋向于不稳定。

从2009、2013、2016年分要素生态空间格局各指数对比(表10.6)可以看出,四类用地在斑块密度、分维数指标上存在少许差异。随着用地面积减少,林地、园地斑块密度大致呈逐渐减小趋势,而耕地、草地斑块密度逐渐递增,说明耕地、草地斑块粒径变细,受干扰程度更为显著。草地、园地2016年分维数

表 10.6 2009、2013、2016 年分要素生态空间格局各指数对比

类型	指标名称	2009 年	2013 年	2016 年	类型	指标名称	2009 年	2013 年	2016 年
耕地	斑块面积	54085.05	47576.25	46347.21	草地	斑块面积	661.41	455.31	420.12
	斑块密度	1.4424	1.7774	1.9711		斑块密度	0.1793	0.1833	0.1905
	破碎度	0.9984	0.9988	0.9988		破碎度	1	1	1
	分离度	615.2753	809.8917	828.5863		分离度	2582858	4358095	4803204
	聚集度	89.4326	88.6265	88.4367		聚集度	75.8984	69.584	68.1596
	分维数	1.2183	1.2122	1.2101		分维数	1.1087	1.1184	1.115
林地	斑块面积	8278.56	7390.8	7322.94	园地	斑块面积	843.75	724.86	690.39
	斑块密度	1.1592	1.089	1.1044		斑块密度	0.288	0.258	0.2525
	破碎度	1	1	1		破碎度	1	1	1
	分离度	47961.31	53243.19	59023.84		分离度	2992292	3425297	3859181
	聚集度	80.8198	80.1908	80.0482		聚集度	71.1252	71.051	70.6778
	分维数	1.1414	1.1429	1.1411		分维数	1.1179	1.1205	1.1186

注：颜色愈深代表受干扰程度愈显著。

相比于2009年有所增大,而耕地、林地分维数减小,表明耕地、林地斑块形状趋向于简单化,人工干扰程度更为突出。因此,综合来看,耕地受干扰程度更为显著,在斑块密度、破碎度、分离度、聚集度、分维数等指标上均得到体现。

3. 生态空间安全评估

由于武汉市沿长江段的水要素、农林用地要素较为突出,且研究范围的边界不明晰,经济、社会详细信息较难获取。所以,从分要素层面对研究范围内的水生态安全、农林用地生态安全进行评估。武汉市沿长江段生态空间安全评估思路如图10.14所示。

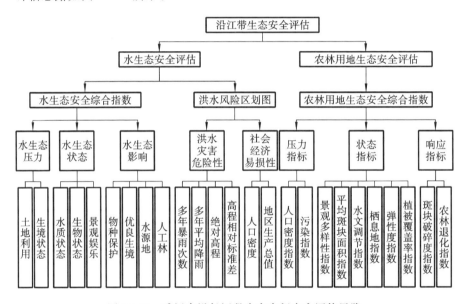

图10.14 武汉市沿长江段生态空间安全评估思路

部分指标评估结果如图10.15所示。在水生态安全评估中,武汉市沿长江段的土地利用与生境状况受人类活动的影响逐年加大。山水林田湖草等生态系统保护受到较大威胁,流域水文循环过程以及河流生物栖息地环境受到严重干扰,水生态压力较大。同时,武汉市沿长江段的水资源时空分布不均,长江水质局部污染,生物多样性呈下降趋势。此外,城市建设活动严重降低了水资源的自净能力与水生态响应能力。

在洪水风险等级评估中,涨渡湖郊野区段以及长江新城段,洪灾风险相对较高,而汉南-金口郊野及武钢-左岭新城部分地区洪灾风险相对较低。主城区由于降雨量较大,并且经济发达、人口众多,属风险较高的地区;但中心城区防洪标准较高,抗灾能力强,实际风险较低。

在用地生态安全评估中,2009—2016 年间,农林用地斑块密度、破碎度、分离度逐渐增加,导致水文调节功能逐步下降。同时,污染指数有所上升,单位耕地化肥负荷居高不下。

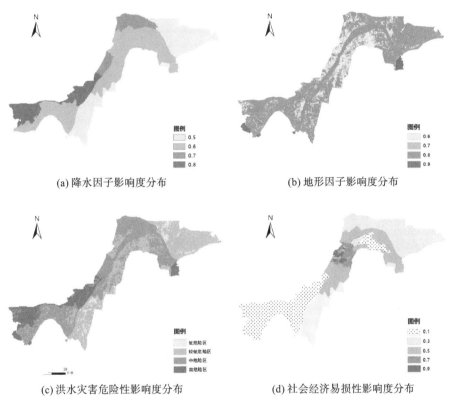

(a) 降水因子影响度分布　　　　(b) 地形因子影响度分布

(c) 洪水灾害危险性影响度分布　　(d) 社会经济易损性影响度分布

图 10.15　武汉市沿长江段生态空间安全部分指标评估结果

10.3.3　沿江生态格局构建

1. 分段维护武汉市沿长江段生态格局

分段维护的生态格局如图 10.16 所示,自上游到下游分别包括汉南-金口郊野区段、沌口-江夏新城区段、主城区段、武钢-左岭新城区段、长江新城区段、涨渡湖郊野区段。通过共同开展水域生态系统保护与修复,综合治理滨湖带、江河流域水土流失,合力构建保护与开发政策体系,协同管理河湖滨岸生态空间,维护流域水生态空间,维持区域生态系统的稳定和健康。

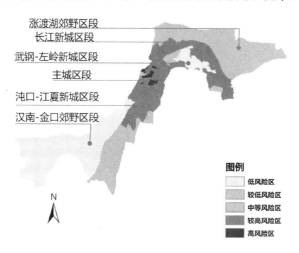

图10.16　武汉市沿长江段分段维护的生态格局

同时,大力推进武汉市沿长江段落实"四水共治"举措,重点关注防洪水、排涝水、治污水、保供水,巩固完善武汉市及周边地区的水流域环境与安全保障体系。以饮用水水源地保护为重点,推进水功能区限制纳污的红线与水源保护区规范化建设。其中,长江两岸应搭建水环境污染治理与水质监控平台,明确河湖污染物限排总量控制和水功能区监督管理目标,严格约束城镇和工业园区污染物排入水体,降低水环境负荷。同时以小流域为单元,有序开展长江与汉江等跨市河流的上下游地区水环境联动整治,实施流域跨界断面水质补偿。

2. 共定生态管控标准与项目准入制度

为维护更高层次的生态格局,应共同制定跨区域的生态管控标准与共同保护框架,强化跨界生态保护的内容和深度的可协作性。武汉市沿长江段的生态管控标准以《武汉市基本生态控制线管理条例》为基础,对接自然资源、林业、水务、农业、环保、园林等相关行业部门,并根据《武汉市新城区部分湖泊"三线一路"保护规划》《武汉市山体保护办法》等专项规划,将山体、水体及其保护范围,以及自然保护区、风景区、森林公园、郊野公园、水源保护区核心区、公益林地、永久性基本农田及重要农业生产区等生态功能区统筹纳入基本生态控制线范围。

设定区域限制性条件,实施建设项目准入制度。结合准入前提条件与优先准入条件,鼓励属于国家重点支持高新技术领域的产业、影响武汉市及周边地区产业结构调整和转型升级的新兴产业、符合高新区新旧动能转换的内生项目、退城进园项目的产业等优先准入。针对不同生态空间用途,提出不同管制程度的准入条件,以2016年武汉市正式施行的《武汉市基本生态控制线管理条例》为例,条例明确提出生态底线区的项目准入控制最为严格,而生态发展区内除生态底线区准入的项目外,还允许生态型休闲度假项目、必要的公益性服务设施、其他与生态保护不相抵触的项目进入。

3. 加强武汉市沿长江段环境影响评价

针对武汉市沿长江段的建设用地,构建包含空间规划、专项规划、详细规划、重点产业园区等多层面的规划环境影响评价。通过持续的跟踪与监测方法,建立武汉市的环境现状分析与判断、环境影响预测、环境影响后评价的环境影响监测动态体系。密切跟踪武汉市及周边地区的规划实施后,在城市建设、产业发展、资源开发等方面对区域生态系统、环境质量、居民健康产生的影响,重点监测与评估可能产生的不良后果,及时提出改进措施或调整、修订规划,从而落实规划与建设项目的环境影响联动评价。

基于坚持生态优先、强化从严管控、注重衔接协同的原则,提出武汉市沿长江段的产业项目负面清单,并依据《国民经济行业分类》(GB/T 4754—2017)进行产业分类,其中的管理措施分为禁止类和限制类两类。禁止类产业主要为不具备区域资源条件、不符合武汉市沿长江段的重点生态功能区开发管制原则的限制类、允许类、鼓励类产业;限制类产业主要为与武汉市沿长江段的重点发展方向和开发管制原则不符合的允许类、鼓励类产业。

对清单所列产业的规模、布局、生产工艺、清洁生产水平等管控要求,均按照生态空间规划目标、发展方向和用途管制原则,依据产业项目负面清单和各类行业规范、产业准入条件、地方相关规划及产业准入政策等,从严制定。

参 考 文 献

北京师范大学经济与资源管理研究院,西南财经大学发展研究院,国家统计局中国经济景气监测中心,2017.2016中国绿色发展指数报告:区域比较[M].北京:北京师范大学出版社:32.

柴攀峰,黄中伟,2014.基于协同发展的长三角城市群空间格局研究[J].经济地理(6):75-79.

车亮亮,韩雪,赵良仕,等,2015.中国煤炭利用效率评价及与经济增长脱钩分析[J].中国人口·资源与环境,25(3):104-110.

陈昌兵,2018.新时代我国经济高质量发展动力转换研究[J].上海经济研究(5):16-24,41.

陈思宇,2020.长江经济带城市绿色发展评估与时空特征研究[D].武汉:华中科技大学.

陈小卉,郑文含,2017.基于绿色发展的城市发展质量评价研究:以江苏为例[J].城市规划学刊(3):70-77.

戴翔,张二震,2018.逆全球化与中国开放发展道路再思考[J].经济学家(1):70-78.

德内拉·梅多斯,乔根·兰德斯,丹尼斯·梅多斯,等,1983.增长的极限:罗马俱乐部关于人类困境的报告[M].李宝恒,译.成都:四川人民出版社.

丁国胜,曾圣洪,2020.中国健康城市建设30年:实践演变与研究进展[J].现代城市研究(4):1-8.

丁建军,王璋,柳艳红,等,2020.中国连片特困区经济韧性测度及影响因素分析[J].地理科学进展,39(6):924-937.

鄂施璇,宋戈,2015.东北区县域耕地资源非市场价值测算及其空间分布[J].经济地理,35(6):149-153.

樊杰,刘汉初,2016."十三五"时期科技创新驱动对我国区域发展格局变化的影响与适应[J].经济地理,36(1):1-9.

樊杰,王亚飞,梁博,2019.中国区域发展格局演变过程与调控[J].地理学报,74(12):2437-2454.

樊杰,周侃,王亚飞,2017.全国资源环境承载能力预警(2016版)的基点和技术方法进展[J].地理科学进展,36(3):266-276.

方丰,唐龙,2014.科技创新的内涵、新动态及对经济发展方式转变的支撑机制[J].生态经济,30(6):103-105.

冯俏彬,2018.我国经济高质量发展的五大特征与五大途径[J].中国党政干部论坛(1):59-61.

付淳宇,2015.区域创新系统理论研究[D].吉林:吉林大学.

付伟,罗明灿,李娅,2017.基于"两山"理论的绿色发展模式研究[J].生态经济,33(11):217-222.

关皓明,杨青山,浩飞龙,等,2021.基于"产业—企业—空间"的沈阳市经济韧性特征[J].地理学报,76(2):415-427.

顾朝林,2015.城市与区域规划研究:绿色发展与城市规划变革[M].北京:商务印书馆.

顾朝林,2019.中国新型城镇化之路[M].北京:科学出版社:154-155.

韩江波,2019.创新驱动经济高质量发展:要素配置机理与战略选择[J].当代经济管理,41(8):6-14.

韩增林,赵玉青,闫晓露,等,2020.生态系统生产总值与区域经济耦合协调机制及协同发展:以大连市为例[J].经济地理,40(10):1-10.

郝汉舟,汤进华,翟文侠,等,2017.湖北省绿色发展指数空间格局及诊断分析[J].世界地理研究,26(2):91-100.

胡鞍钢,周绍杰,2014.绿色发展:功能界定、机制分析与发展战略[J].中国人口·资源与环境,24(1):14-20.

胡树光,2019.区域经济韧性:支持产业结构多样性的新思想[J].区域经济评论(1):143-149.

黄建欢,吕海龙,王良健,2014.金融发展影响区域绿色发展的机理:基于生态效率和空间计量的研究[J].地理研究,33(3):532-545.

黄建欢,杨晓光,成刚,等,2015.生态效率视角下的资源诅咒:资源开发型和资源利用型区域的对比[J].中国管理科学,23(1):34-42.

黄娟,2017.科技创新与绿色发展的关系:兼论中国特色绿色科技创新之路[J].新疆师范大学学报(哲学社会科学版),38(2):33-41.

黄跃,李琳,2017.中国城市群绿色发展水平综合测度与时空演化[J].地理研究,36(7):1309-1322.

纪光欣,刘小靖,2014.社会创新国内研究述评[J].中国石油大学学报(社会科学版),30(6):41-46.

姜磊,柏玲,吴玉鸣,2017.中国省域经济、资源与环境协调分析:兼论三系统耦合公式及其扩展形式[J].自然资源学报,32(5):788-799.

蒋茜,2016.论共享发展的重大意义、科学内涵和实现途径[J].求实(10):62-69.

蒋天颖,2014.浙江省区域创新产出空间分异特征及成因[J].地理研究,33(10):1825-1836.

金碚,2018.关于"高质量发展"的经济学研究[J].中国工业经济(4):5-18.

孔凡斌,潘丹,2018.长江经济带绿色发展研究:水平、路径与机制创新[M].北京:中国环境出版集团:84-85.

李荷,杨培峰,2014.城市自然生态空间的价值评估及规划启示[J].城市环境与城市生态,27(5):39-43.

李连刚,张平宇,谭俊涛,等,2019.韧性概念演变与区域经济韧性研究进展[J].人文地理,34(2):1-7,151.

李连刚,张平宇,王成新,等,2021.区域经济韧性视角下老工业基地经济转型过程:以辽宁省为例[J].地理科学,41(10):1742-1750.

李烨,潘伟恒,龙梦琦,2016.资源型产业绿色转型升级的驱动因素[J].技术经济,35(4):65-69,119.

李迎生,吕朝华,2018.社会主要矛盾转变与社会政策创新发展[J].国家行政学院学报(1):67-73.

李佐军,2012.中国绿色转型发展报告[M].北京:中共中央党校出版社.

林雄斌,杨家文,孙东波,2015.都市区跨市公共交通规划与空间协同发展:理论、案例与反思[J].经济地理,35(9):40-48.

林雄斌,杨家文,2015.北美都市区建成环境与公共健康关系的研究述评及其启示[J].规划师,31(6):12-19.

刘汉初,樊杰,周侃,2018.中国科技创新发展格局与类型划分:基于投入规模和创新效率的分析[J].地理研究,37(5):910-924.

刘纪远,邓祥征,刘卫东,等.2013.中国西部绿色发展概念框架[J].中国人口·资源与环境,23(10):1-7.

刘伊生,2014.绿色低碳发展概论[M].北京:北京交通大学出版社.

刘志彪,2018.理解高质量发展:基本特征、支撑要素与当前重点问题[J].学术月刊,50(7):39-45,59.

刘志林,戴亦欣,董长贵,等,2009.低碳城市理念与国际经验[J].城市发展研究,16(6):1-7,12.

柳礼泉,汤素娥,2016.论共享发展理念的丰富内涵和实现理路[J].思想理论教育导刊(8):16-18.

鲁斐栋,谭少华,2015.建成环境对体力活动的影响研究:进展与思考[J].国际城市规划,30(2):62-70.

鲁继通,2018.我国高质量发展指标体系初探[J].中国经贸导刊(中)(20):4-7.

马尔萨斯,2010.人口原理[M].郭大力,译.北京:商务印书馆.

马茹,罗晖,王宏伟,等,2019.中国区域经济高质量发展评价指标体系及测度研究[J].中国软科学(7):60-67.

马世骏,王如松,1984.社会-经济-自然复合生态系统[J].生态学报(1):1-9.

马向明,2014.健康城市与城市规划[J].城市规划,38(3):53-55,59.

聂晶鑫,黄亚平,2018.治理导向的同城化战略实施研究[J].现代城市研究(4):100-106.

庞素艳,于彩莲,解磊,2015.环境保护与可持续发展[M].北京:科学出版社:166.

任保平,文丰安,2018.新时代中国高质量发展的判断标准、决定因素与实现途径[J].改革(4):5 16.

任保平,2018a.我国高质量发展的目标要求和重点[J].红旗文稿(24):21-23.

任保平,2018b.新时代中国经济从高速增长转向高质量发展:理论阐释与实践取向[J].学术月刊,50(3):66-74,86.

任保平,2018c.新时代中国经济高质量发展的判断标准、决定因素与实现途径[J].中国邮政(10):8-11.

上海市规划和国土资源管理局,2016.15分钟社区生活圈规划导则[EB/OL].(2016-06-02)[2021-09-28]. https://ghzyj.sh.gov.cn/qtgs/20191128/0032-688579.html.

邵彦敏,2018.新发展理念:高质量发展的战略引领[J].国家治理(5):11-17.

盛馥来,诸大建,2015.绿色经济:联合国视野中的理论、方法与案例[M].北京:中国财政经济出版社:15.

师博,任保平,2018.中国省际经济高质量发展的测度与分析[J].经济问题(4):1-6.

孙才志,姜坤,赵良仕,2017.中国水资源绿色效率测度及空间格局研究[J].自然资源学报,32(12):1999-2011.

孙慧,原伟鹏,2020.西部地区经济韧性与经济高质量发展的关系研究[J].区域经济评论(5):23-35.

孙久文,孙翔宇,2017.区域经济韧性研究进展和在中国应用的探索[J].经济地理,37(10):1-9.

田俊峰,王彬燕,王士君,2019.东北三省城市土地利用效益评价及耦合协调关系研究[J].地理科学,39(2):305-315.

田莉,陈筝,冷红,等,2018."城乡规划与公共健康"主题沙龙[J].城市建筑(24):6-14.

田秋生,2018.高质量发展的理论内涵和实践要求[J].山东大学学报(哲学社会科学版)(6):1-8.

王琛,郭一琼,2018.地方产业抵御经济危机的弹性影响因素:以电子信息产业为例[J].地理研究,37(7):1297-1307.

王成金,杨威,许旭,等,2011.工业经济发展的资源环境效率评价方法与实证:以广东和广西为例[J].自然资源学报,26(1):97-109.

王国平,2010.杭州如何建设低碳城市[J].现代城市,5(1):7-11.

王静,2015.中部地区城市群区域空间经济弹性评估与优化策略研究[D].武汉:华中科技大学.

王兰,蒋希冀,汪子涵,等,2021.绿色空间对呼吸健康的影响研究综述及综合分析框架[J].风景园林,28(5):10-15.

王兰,赵晓菁,蒋希冀,等,2016.颗粒物分布视角下的健康城市规划研究:理论框架与实证方法[J].城市规划,40(9):39-48.

王力年,2012.区域经济系统协同发展理论研究[D].长春:东北师范大学.

王丽娜,李爽,吴迪,等,2020.景感生态学:生态安全研究与实践的重要途径[J].生态学报,40(22):8028-8033.

王丽艳,戴毓辰,宋顺锋,2020.区域协调发展战略下推进环渤海大湾区建设的逻辑与时序探讨[J].城市发展研究,27(8):44-50.

王胜利,白暴力,2017.中国特色社会主义经济创新发展理论体系:马克思主义政治经济学的丰富与发展[J].当代经济研究(7):36-44.

王业强,郭叶波,赵勇,等,2017.科技创新驱动区域协调发展:理论基础与中国实践[J].中国软科学(11):86-100.

威廉·配第,2006.赋税论[M].邱霞,原磊,译.北京:华夏出版社.

魏婕,任保平,2012.中国各地区经济增长质量指数的测度及其排序[J].经济学动态(4):27-33.

魏敏,李书昊,2018.新时代中国经济高质量发展水平的测度研究[J].数量经济技术经济研究,35(11):3-20.

WHEELER S M,2016.可持续发展规划:创建宜居、平等和生态的城镇社区[M].干靓,译.上海:上海科学技术出版社:117-123.

吴宇彤,彭翀,舒建峰,2022.国土空间安全语境下的洪涝适应经验及规划响应[J].西部人居环境学刊,37(1):15-21.

吴志强,2016."人居三"对城市规划学科的未来发展指向[J].城市规划学刊(6):7-12.

肖攀,李连友,苏静,2016.中国省域经济增长质量测度及其收敛性分析[J].财经理论与实践,37(4):111-117.

谢波,王潇,伍蕾,2021.基于自然实验的城市绿色空间对居民心理健康的影响研究:以武汉东湖绿道为例[J].地理科学进展,40(7):1141-1153.

谢高地,甄霖,鲁春霞,等,2008.一个基于专家知识的生态系统服务价值化方法[J].自然资源学报,23(5):911-919.

辛章平,张银太,2008.低碳经济与低碳城市[J].城市发展研究(4):98-102.

闫泽涛,李燃,2018.中国金融结构与经济创新发展[J].新乡学院学报,35(10):22-25.

阳建强,陈月,2020.1949—2019年中国城市更新的发展与回顾[J].城市规划,44(2):9-19,31.

杨志江,文超祥,2017.中国绿色发展效率的评价与区域差异[J].经济地理,37(3):10-18.

姚亚男,李树华,2018.基于公共健康的城市绿色空间相关研究现状[J].中国园林,34(1):118-124.

俞孔坚,1999.生物保护的景观生态安全格局[J].生态学报(1):10-17.

约翰·斯图亚特·穆勒,2009.政治经济学原理[M].金镝,金熠,译.北京:华夏出版社.

詹新宇,崔培培,2016.中国省际经济增长质量的测度与评价:基于"五大发展理念"的实证分析[J].财政研究(8):40-53,39.

张军扩,侯永志,刘培林,等,2019.高质量发展的目标要求和战略路径[J].管理世界,35(7):1-7.

张乐勤,2019.经济社会与资源环境系统协调视角下的安徽省高质量发展判别及障碍诊断[J].贵州师范大学学报(自然科学版),37(3):35-42.

张颖,2017.资源资产价值评估研究最新进展[J].环境保护,45(11):27-30.

张宇,欧名豪,蔡玉军,2015.整村统筹:解决城中村土地利用和发展问题的一个探索[J].城市规划,39(2):93-98,105.

赵洋,2020.中国资源型城市发展阶段研究:基于绿色转型的视角[J].经济问题探索(2):74-84.

郑德凤,臧正,孙才志,2015.绿色经济、绿色发展及绿色转型研究综述[J].生态经济,31(2):64-68.

中国国际经济交流中心课题组,2013.中国实施绿色发展的公共政策研究[M].北京:中国经济出版社.

中国科学院可持续发展战略研究组,2012.2012中国可持续发展战略报告[M].北京:科学出版社.

周侃,刘宝印,樊杰,2019.汶川 Ms 8.0 地震极重灾区的经济韧性测度及恢复效率[J].地理学报,74(10):2078-2091.

周珂,陈奕言,陈筝,2021.健康导向的城市绿色开放空间供给[J].西部人居环境学刊,36(2):11-22.

周文,李思思,2019.高质量发展的政治经济学阐释[J].政治经济学评论,10(4):43-60.

朱斌,吴赐联,2016.福建省绿色城市发展评判与影响因素分析[J].地域研究与开发,35(4):74-78.

朱晓,等,2010.人口、资源、环境与经济协同发展研究:以新疆为例[M].大连:东北财经大学出版社:152-154.

ABAY M, REYER G, DAN R, et al., 2010. Environmental Regulation and Industry Location in Europe[J]. Environmental and Resource Economics, 45(4):459-479.

DERKZEN M L, VAN TEEFFELEN A J A, VERBURG P H, 2017. Green infrastructure for urban climate adaptation: How do residents' views on climate impacts and green infrastructure shape adaptation preferences?[J]. Landscape & Urban Planning, 157(1):106-130.

WILSON G A, 2012. Community Resilience and Environmental Transitions[M]. London: Routledge.

HO C C, CHAN C C, CHO C W, et al., 2015. Land Use Regression Modeling with Vertical Disribution Measurements for Fine Particulate Matter and Elements in an Urban Area[J]. Atmospheric Environment, 104:256-263.

Intergovernmental Panel on Climate Change, 2014. Climate Change 2014: Impacts, Adaptation, and Vulnerability[M]. Cambridge: Cambridge University Press.

JACOBS M, 1991. The Green Economy: Environment, Sustainable Development and the Politics of the Future[M]. Massachusetts: Pluto Press.

KIRTAND K A, PORTER D E, ADDY C L, et al., 2003. Environmental measures of physical activity supports: perception versus reality[J]. American Journal of Preventive Medicine, 24(4):323-331.

LYU X P, ZENG L W, GUO H, et al., 2017. Evaluation of the effectiveness of air pollution control measures in Hong Kong[J]. Environmental Pollution, 220:87-94.

PEARCE D, et al., 1989. Blueprint for a green economy: a Report[M]. London: Earthscan Publications Ltd..

PIKE A, DAWLEY S, TOMANEY J, 2010. Resilience, Adaptation and Adaptability[J]. Cambridge Journal of Regions, Economy and Society, 3(1):59-70.

PIKORA T J, BULL F C L, JAMROZIK K, et al., 2002. Developing a reliable audit instrument to measure the physical environment for physical activity[J]. American Journal of Preventive Medicine, 23(3):187-194.

SIMMIE J, MARTIN R, 2010. The economic resilience of regions: towards an evolutionary approach[J]. Cambridge Journal of Regions, Economy and Society, 3(1):27-43.

STRAKA M, SODOUDI S, 2019. Evaluating climate change adaptation strategies and scenarios of enhanced vertical and horizontal compactness at urban scale: a case study for Berlin[J]. Landscape and Urban Planning, 183:68-78.

TAN J, ZHANG P, LO K, et al., 2017. Conceptualizing and measuring economic resilience of resource-based cities: Case study of Northeast China[J]. Chinese Geographical Science, 27(3):471-481.

VASIN S, CARLE A, LANG U, et al., 2016. A groundwater management plan for Stuttgart[J]. Science of The Total Environment, 563-564:704-712.

WANG E X, LIU X H, WU J P, et al., 2019. Green Credit, Debt Maturity, and Corporate Investment—Evidence from China[J]. Sustainability, 11(3): 583.

Word Commission on Environment and Development, 1987. Our Common Future[M]. Oxford: Oxford University Press.

XU D L, ZOU C X, XU M J, et al., 2015. Ecological security pattern construction based on ecological protection redlines[J]. Biodiversity Science, 23(6): 740-746.